王村镇志

郑州市名镇志文化工程

郑州市地方史志编纂委员会　主办
郑州市地方史志办公室　编著

中国水利水电出版社
www.waterpub.com.cn
·北京·

图书在版编目（C I P）数据

王村镇志 / 郑州市地方史志办公室编著. -- 北京 : 中国水利水电出版社, 2022.12
郑州市名镇志文化工程
ISBN 978-7-5226-1809-8

Ⅰ. ①王… Ⅱ. ①郑… Ⅲ. ①乡镇－地方志－郑州 Ⅳ. ①K296.15

中国国家版本馆CIP数据核字(2023)第177429号

审图号：豫郑荥S〔2021〕003号
选题策划：马爱梅　宋建娜　李慧君
责任编辑：罗　汐

书籍设计：李　菲　田雨秾　龚　煜

	郑州市名镇志文化工程
书　名	王村镇志
	WANGCUN ZHEN ZHI
作　者	郑州市地方史志办公室　编著
出版发行	中国水利水电出版社
	(北京市海淀区玉渊潭南路1号D座　100038)
	网址: www.waterpub.com.cn
	E-mail: sales@mwr.gov.cn
	电话: (010) 68545888（营销中心）
经　售	北京科水图书销售有限公司
	电话: (010) 68545874、63202643
	全国各地新华书店和相关出版物销售网点
排　版	北京金五环出版服务有限公司
印　刷	北京天工印刷有限公司
规　格	184mm×260mm　16开本　13.75印张　249千字
版　次	2022年12月第1版　2022年12月第1次印刷
定　价	128.00元

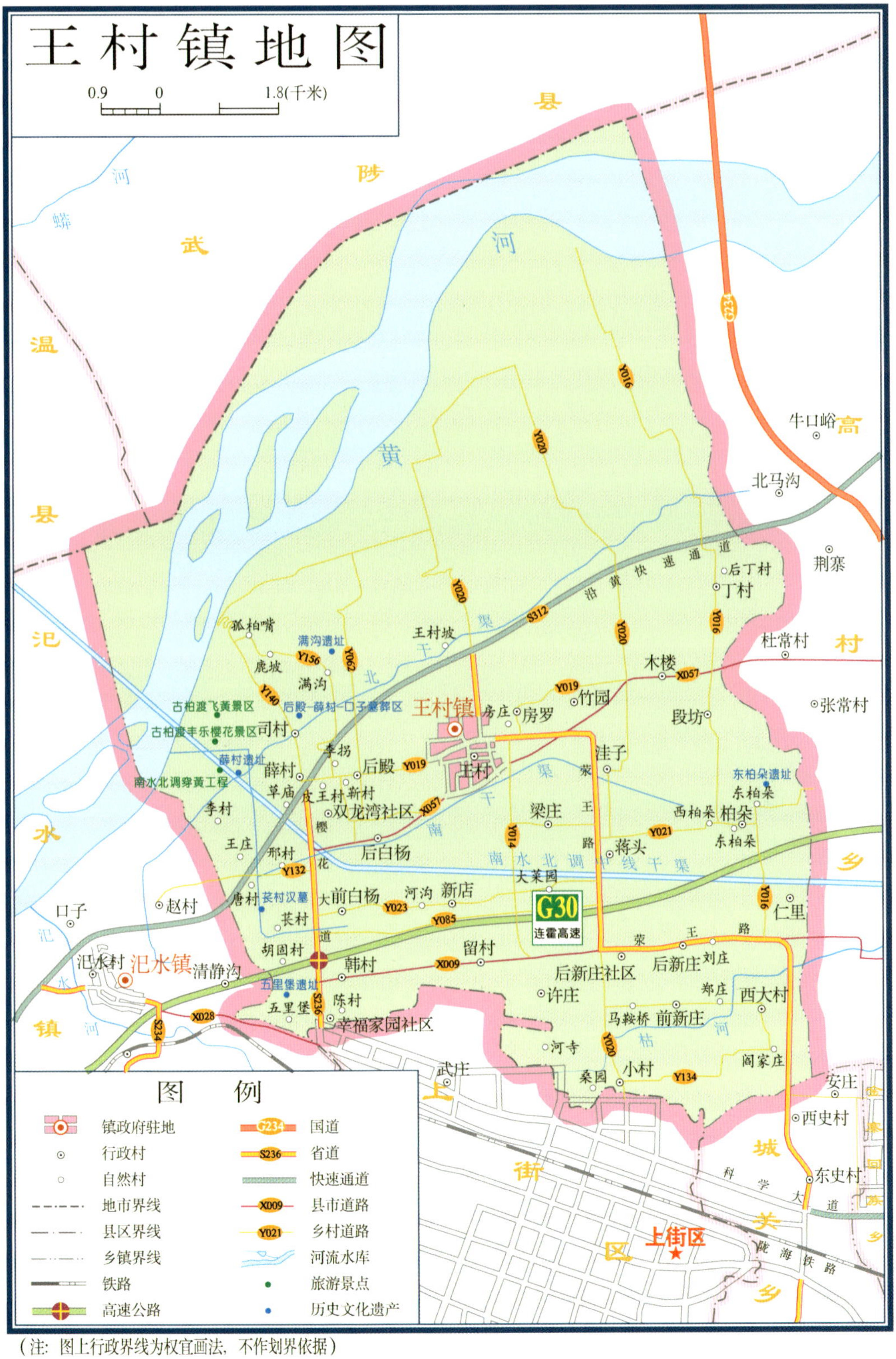

（注：图上行政界线为权宜画法，不作划界依据）

韩村连霍高速公路上街站口　周建功 摄

司村黄河孤柏渡　石保定 摄

南水北调穿黄隧洞　南水北调穿黄管理处 供图

西大村农田　王红斌　摄

黄河风光　石保定 摄

郑州市名镇志、名村志、名街志编纂委员会

主　　任　虎　强

副 主 任　朱　军

委　　员（按姓氏笔画排序）

王丹东　王淑慧　付　赟　冯凌义　刘　宁　李新建

张　超　张　超　郑向阳　赵敏祥　贾　昊　黄卫红

梁豫生　景晓明

主　　编　朱　军

副 主 编　王丹东

编　　委（按姓氏笔画排序）

王东亮　王西林　王佰顺　王海燕　冉　宁　刘　伟

刘　琴　刘华东　李　磊　武丽娜　袁玉强　贾　佳

编　　辑　刘　恒　李　靖　王　丹

学术顾问（按姓氏笔画排序）

丁　昆　王保国　刘　杰　安海蓉　孙英民　李仁清

李运江　李伯谦　张　永　张　霆　张绍宇　杭　侃

郑东军　封曙光　胡惠林　顾　华　徐建勋　阎铁成

韩国河　魏　剑

《王村镇志》编纂委员会

主　　任　任燕侠　禹文强　王海燕

副 主 任　陈万卿　吴　边

委　　员　柳桂根　周国栋　张岩伟　陈军辉　秦　钊
杨晓亚　胡东宿　闫红杰　郭　洁　南　瑞
张海斌　郭　庆　王飞炜

编　　纂　张延红　秦　伟　武聪惠　郭苏颖

摄　　影　石保定　王红斌　陈重孚　姜增杰　周建功
薛红建

序

2022年是党的二十大胜利召开之年，郑州市地方史志办公室（以下简称“市史志办”）坚持以习近平新时代中国特色社会主义思想为指导，深入学习贯彻党的二十大精神，在中国地方志指导小组办公室、中共河南省委党史和地方史志研究室的指导支持下，按照市委全会部署和政府工作报告安排，充分发掘、放大、展示郑州历史文化资源禀赋和特质、气质，扎实落实《郑州兴文化工程文化研究计划实施方案》，以郑州市名镇志、名村志、名街志文化工程和地方史研究为抓手，围绕郑州当代发展研究、郑州文化名人研究、郑州城市文化史研究、郑州重要时期的重大事件研究、郑州重要历史文献典籍研究、郑州重要历史文化遗存研究、郑州红色文化研究开展工作，相继完成了39部乡镇志、街道志和村志的编纂出版工作。市史志办充分发挥存史资政育人职能，积极探索基层志书编纂体制机制创新的有效途径，努力打造精品佳志，推动新时代方志工作高质量发展，主要做法是：

坚持正确导向，突出时代主题。市史志办在乡镇志、街道志、村志编纂中，力求全面、客观反映党史、新中国史、改革开放史、社会主义发展史在郑州的辉煌业绩，记录郑州从一座古老的城市发展成为国家中心城市的历史进程，阐释中华文明、中原文化在郑州这座城市的文明形态起源、嬗变和现代转型历程。聚焦黄河文化、商都文化、黄帝文化、河洛文化、嵩山文化和二七精神等重要的城市文化名片，市史志办组织编纂了管城区《东大街街道志》《西大街街道志》《城东路街道志》，二七区《德化街道志》，金水区《杜岭街道志》，上街区《峡窝镇志》《方顶村志》，巩义市《回郭镇志》《大峪沟镇志》《康店镇志》《河洛镇志》《站街镇志》《小关镇志》《米河镇志》《涉村镇志》《海上桥村志》，新郑市《孟庄镇志》《新建路街道志》，荥阳市《汜水镇志》《王村镇志》，惠济区《古荥镇志》《花园口镇志》，中牟县《雁鸣湖镇志》《黄店镇志》，新密市《刘寨镇志》，登封市《告成镇志》《中岳庙社区志》等基层志书。市史志办尝试从方志学的角度描述、分析这些文化的历史演进，宏大叙事与微观剖析并重，讲述方志故事，凝聚城市精神，发现并彰显这些深藏在街道社区、乡村田野里的城市文化根脉。

坚持质量标准，规范编纂流程。我们认真贯彻落实《郑州市地方志工作规定》要求，明确各级地方志工作机构与编纂单位分工负责，针对每部志稿都成立了专门编纂机构，专班推进，形成了一级抓一级、层层抓落实，踏石留印、抓铁有痕的工作格局。遵循地方史志工作的基本原则，把质量视作名镇名街名村志编纂的生命线，对每部志书严把政治观、史实关、体例关、文字关、出版关和印刷关。为提高编纂专业水平，市史志办邀请中国地方志指导小组办公室、中共河南省委党史和地方史志研究室指导工作，并与国内知名高校合作，采取集中培训、案例教学等形式，面向修志业务人员，结合实际答疑解惑，较好地统一了修志原则和基本规范。同时，市史志办与中国水利水电出版社紧密协作，按照中国名镇志、名村志文化工程的质量标准，开展全方位深度合作，搭建专业服务平台，合力推进精品工程建设。

拓展方志视野，创新编纂方式。市史志办积极适应进入“读图时代”的现代读者需求，在锤炼文字表达的同时，特别突出了“图像存史”的作用。市史志办与河南省美术家协会合作，组织一批在省内乃至全国有影响的优秀画家，深入基层开展采风创作，用画笔描绘郑州美丽乡村和城市现代街区风貌。市史志办要求编纂单位注意对优秀美术作品的资料收集，如巩义籍著名画家陈天然、徐小龙等长年扎根农村基层，创作出一批表现浓郁乡土风情的优秀美术作品，许多作品收入相关志书，成为熠熠生辉的亮点。中共郑州市委宣传部外宣办，河南日报新闻图片有限公司，郑州日报社及市、区县（市）摄影家协会等单位和许多优秀、敬业的摄影家，为市史志办提供、创作了大批精彩的摄影作品，与志书篇章结构和语言文字同步配合，形成了一个全新的图像叙事语言体系。这已不是简单的配图、插图、图文并茂，而是把图像证史、存史放在了编纂方式创新的维度上来考量其价值与意义。

提高学术品质，丰富志书内涵。市史志办借鉴人文地理学和社会学的调查研究方法，在中原区委、区政府的支持下，组织编纂了该区《西流湖街道志》《中原西路街道志》《桐柏路街道志》《三官庙街道志》《棉纺路街道志》《绿东村街道志》《林山寨街道志》《汝河路街道志》《航海西路街道志》《须水街道志》《秦岭路街道志》《建设路街道志》12部街道志，对一个行政建置区域的政治、经济、文化、社会、生态建设状况，特别对自中华人民共和国成立以来各个历史时期的发展做了全方位的较完整记述。这些街道志组成了一个美丽的“方志拼图”，从中可以清晰地看到中原区从一个传统的城郊农业区，在中华人民共和国成立初期形成郑州市的市级行政中心、文化中心和现代工业区，改革开放以来经过国企改革的华丽“蝶变”转型升级为现代化宜居宜业新城区的时空轨迹。市史志办与郑州大学建筑学院合作，开展传统村落与民居保护和城市街区建筑文化专项调查，形成了一批研究成果并在编纂中予以重点展示。郑州市是中华文明探源工程、夏商周断代工程等考古研究的重点区域，拥有世界文化遗产登封“天地之中”历史建筑群和诸多国家重点文物保护单位，各类历史文化遗迹俯拾即是。在文物部门的大力支持下，市史志办在相关志书编纂中，注意收录考古最新发现及研究成果，以丰富志书编纂的文化内涵。

坚持统筹规划，分层扎实推进。市史志办坚持依法治志的基本原则，依法推进各项编纂组织管理工作。一是建章立制，科学管理。结合编纂实际，理顺管理体制和运行机制，明确了市、县、乡、村在志书编纂中的各级权责，分级负责与属地管理有机结合，最大限度地形成合力、统筹推进。市史志办把这项工作作为一项硬任务，年初及时向市委市政府报告列入年度工作计划、财政预算，并与各区县（市）协商制订工作计划，按节点有序推进。二是统一规划，明确目标。市史志办要求各区县（市）本着精品至上、宁缺毋滥的原则确定选题规划，突出“名”和“特”，建立编纂项目库，集中力量，抓出精品，锻炼队伍，探索经验。三是分类指导，有的放矢。根据各区县（市）申报的选题计划，市史志办进行实地考察和逐一分析，建立选题库。在整体过程中，实施有效的分类管理，进度服从质量，不搞“一刀切”，因地制宜，精准发力，推动这项工作积极稳妥、健康有序开展。四是重点突破，严把关口。市史志办以出版为时间节点，倒排工期，提出每部志书要认真把好四个关口：首先，每部志书的承编单位要严格按照既定的编纂体例完成初稿，做到篇目完整、材料充分。其次，各区县（市）史志工作机构要组织相关部门召开评审会，重点把好政治关、史实关，确保在民族、宗教、保密等重大问题上不出偏差，在内容材料上客观真实、准确无误。第三，由市史志办协同组织出版社、承编单位和专家学者，对稿件进行集中修改审定，群策群力，解决每部志书在内容、体例、语言等方面存在的问题，基本完成定稿。第四，出版社按照所签订的合作协议，编辑出版关口前移，签订协议后，提前介入每部志书的具体编纂指导、审定等工作，确保出版进度和质量。

坚持深入调研，解决实际问题。在地方志事业转型升级创新发展的进程中，转变思想观念、转变发展方式是全面的、深层次的变革。在推进郑州市名镇志、名村志、名街志文化工程工作中，市史志办深感地方志工作“一纳入、八到位”不能仅停留在一般性的“纳入”和“到位”上，应该以问题为导向，深入调查研究，切实解决党委政府重视支持、人力财力保障等基层反映强烈的实际问题。一是积极争取各级党委政府支持。名镇志、名街志、名村志的编纂主体是市县乡各级党委政府及其地方史志管理工作机构，是“官修”而非私修。因此，编纂名镇志、名街志、名村志是在各级党委政府领导和支持下，由各级地方史志工作机构负责牵头组织开展的。市史志办在调研中深刻体会到，名镇志、名街志、名村志的编纂过程既是一个部门的业务推进，也是向各级党委政府汇报地方史志工作转型升级创新发展的形势任务和争取更大支持、解决实际问题的工作契机。二是切实解决好钱从哪里来。郑州市名镇志、名村志、名街志文化工程是郑州市组织推进的一项重点文化项目，市史志办明确不向乡镇村基层摊派经费增加负担，按照财政分级管理的原则，积极向市政府和财政部门争取项目专项资金，解决编纂出版印刷等各项工作中的费用。各区县（市）负责组织编纂志书初稿的费用，经郑州市地方史志办公室审定、出版社认可达到编辑出版要求，之后的费用由郑州市地方史志办公室负责申请市财政审核拨付。对名镇志、名街志、名村志编纂出版试行项目化资金管理，明确资金来源，严格预算管理，有助于形成一级抓一级、层层抓落实的长效工作机制。三是形成合力众手成志。将名镇志、名街志、名村志打造成为堪存堪鉴的精品志书，仅靠现有的史志工作机构是难以实现的。目前，我们面临的困难是多方面的，既有青黄不接、人才短缺，也有研究不足、经验匮乏。一些社会力量参与到基层志书、年鉴的编纂工作中，存在着政治站位不高、政策把握不准、水平参差不齐等问题。但是，市史志办在调研中也看到，社会各界对参与编修名镇志、名街志、名村志有较高的积极性、主动性，许多基层村镇、街道表示愿意借助这项工作打造文化品牌，推动当地经济社会发展。因此，在今后编纂工作中，要坚持从凝聚共识入手，着力形成团结一致、高效运转的强大合力，构建优势互补、复合型、专业化的新型协作体系。

以上是市史志办在郑州市名镇志、名村志、名街志文化工程中的一些尝试，不足之处敬请批评指正，以便在今后工作中认真加以改进。

郑州市地方史志办公室

2022 年 11 月

凡　例

一、指导思想　以马克思列宁主义、毛泽东思想、邓小平理论、“三个代表”重要思想、科学发展观、习近平新时代中国特色社会主义思想为指导，坚持辩证唯物主义和历史唯物主义的立场、观点和方法，存真求实，全面、客观、系统记述中国名镇城镇化进程和改革开放成果，传承和抢救乡土历史文化，激发爱国爱乡情怀，留住乡愁，为探索中国特色新型城镇化建设、服务乡村振兴战略提供历史智慧和现实借鉴。

二、质量要求　参照中国地方志指导小组印发的《地方志书质量规定》执行。在坚持志体的前提下，体裁运用、篇目设置、资料选择等作适当创新。内容以记载镇域范围内的微观资料为主，详市县志之所略。根据不同类型名镇的特点，记述域内自然、政治、经济、文化、社会的历史与现状，重在突出当地“名”与“特”的内涵，从而达到执简驭繁、文约事丰、易于阅读、利于普及的目的。

三、时间断限　为全面反映入志事物发展脉络，各志上限追溯至事物发端，下限一般断至各镇志启动编修年份，个别重大事项可延至搁笔。详今明古，着重反映时代特色和地方特点，重点体现各镇的“名”与“特”。

四、记述范围　记述地域范围以下限年份的行政辖区为主。为体现名镇在更大区域内的意义，可以从更开阔的区域视野记述与该镇相关的内容。

五、总体结构　统一采用纲目体，设类目、分目、条目三个层次。横排门类，纵述史实。所设类目除《中国名镇志丛书基本篇目》要求的必设内容外，个别事项根据本镇实际情况适当作升格或降格处理。

六、体裁形式　综合运用述、记、志、传、图、表、录等各种体裁，以志体为主。体裁运用适当创新，篇目设置不求面面俱到，一般意义上的乡镇级内容可简略记述。

七、语言文体　除引用文字和附录文献资料外，统一使用规范的现代语体文记述，行文力求朴实、严谨、简洁、流畅，具有较强可读性。

八、人物载录　人物类目设人物传略、名人与 ×× 镇、人物表录等分目。人物传略遵循“生不立传”原则，选录对本镇发展有重大影响者，按生年排序。名人与 ×× 镇记述在政治、经济、文化、社会等方面有重大影响的著名人物（政治家、艺术家等）在本镇的活动历史片段。同时，在其他类目中采用以事系人的方式介绍人物。

九、图照表格　志中随文配图，图下设文字说明，图文并茂。表格统一编排序号。

十、数据　各项数据一般采用国家统计部门数据。数据缺乏的，采用主管部门或主办单位正式提供的数据。

十一、计量单位　采用国务院 1984 年 2 月发布的中华人民共和国法定计量单位。历史上使用的计量单位，如斗、石、里、尺、磅、华氏度等，在引文时照录，并以类目为单位首次出现时应加注。

十二、纪年　中华民国成立前的纪年，使用朝代年号纪年，括注公元年份；中华民国成立后的纪年，均使用公元纪年。志中所称“解放前（后）”，以该镇解放日为界；“新中国成立前（后）”，以中华人民共和国成立日 1949 年 10 月 1 日为界；“改革开放前（后）”，以 1978 年 12 月中共十一届三中全会召开为界。“×× 年代”，凡未加世纪者，均指 20 世纪。

十三、称谓　记事概以第三人称记述。人名直书其姓名，必要时冠以职务职称。地名以现行标准地名为准。如使用历史地名，于首次出现时括注现行地名。各个历史时期的党派、团体、组织、机构、职务等均以当时名称为准。对于称谓过长而又频繁使用者，于首次出现时使用全称并同时括注简称，之后使用简称。

十四、数字、标点　遵循国家标准和出版规定，志中数字书写以 GB/T 15835—2011《出版物上数字用法》为准，使用标点符号以 GB/T 15834—2011《标点符号用法》为准。

十五、注释　行文中的注释，一律采用页下注；附载文章于篇后注明资料来源。

十六、本凡例对于各镇志编纂中的未尽事宜，在“编纂始末”中予以说明。

目　录

概述

王村镇区　周建功 摄

王村镇位于荥阳市西北部，紧依黄河邙山，东距郑州市区 33 千米，总面积 91.03 平方千米，辖 24 个行政村，190 个村民组，6.4 万人。镇党委、政府驻王村村。王村镇是河南省卫生镇、河南省第一批乡村振兴示范乡镇、河南省农业技术推广先进单位、郑州市级文明镇、郑州市旅游名镇、郑州市最具发展潜力旅游特色示范镇、郑州市黄河湿地保护工作先进单位。

一

交通便利，区位优越。连霍高速贯穿东西，S312、S236 穿境而过，距高铁郑州西站 18 千米；国家重点的西气东输工程、南水北调中线工程均从王村镇下穿黄河，区位优势明显。

S312、S236穿境而过　周建功 摄

连霍高速贯穿东西 周建功 摄

山川秀丽，物产丰饶。黄河自西向东穿境而过，河面宽阔、水流平缓，水鸟飞落岸汀水草之间，4 万余亩黄河滩涂风光四季皆美。王村镇中南部均为广阔平原，土地肥沃，农业资源得天独厚，拥有郑州最大的优质无公害蔬菜生产基地，葡萄、草莓、樱桃、无花果、富硒梨等农副产品，种类繁多，营养味美；黄河鲤鱼、黄河鳖、黄河虾等水产品独具地域特色。种植有百余种近 120000 株来自全国各地的珍稀樱花，一到春暖花开，美不胜收，声名远播。

历史悠久，文化厚重。域内有仰韶文化遗存满沟遗址，夏、商文化遗存薛村遗址、东柏朵遗址，东周文化遗存五里堡遗址；有古墓葬苌村汉墓、司村壁画墓等，其中苌村汉墓是全国重点文物保护单位；有古建筑王村戏楼（清）、大悲阁（明）等；有碑刻新建观音寺碣（唐）、一峰园法帖（清）等。王村镇拥有国家级非物质文化遗产苌家拳，郑州市级非物质文化遗产荥阳狮舞，荥阳市级非物质文化遗产木楼舞龙等。

苌村汉墓 石保定 摄

西大村蔬菜大棚　石保定 摄

小村村苔菜种植　王红斌 摄

二

新民主主义革命时期，广大劳动人民饱受战乱之苦，屡遭旱涝之灾，只有少量的土地、农具等生产资料，主要依靠租种土地或出卖劳力为生，过着贫穷的生活，农业发展迟缓，甚至停滞不前。1938 年，中共汜水县委派共产党员来王村镇秘密开展工作，发展共产党员，建立一个党支部，七个党小组，秘密组建“农会”，进行抗日救国活动。在党组织的领导下，经过抗日战争、解放战争，1948 年 4 月，汜水地区解放，王村劳动人民翻身做主人。在中国共产党的领导下，王村人民进行反匪反霸、土地改革等运动，迎来新民主主义革命的胜利，开始社会主义革命和社会主义建设。

社会主义革命和建设时期，通过土地改革、大包干、合同制、联产承包责任制等，农业生产关系发生变化，生产力得到解放。在中国共产党的领导下，国民经济有了很大的发展，1966 年筹建水泥厂，1968 年筹建机制砖厂，1973 年筹建综合加工厂，1980 年筹建氟化盐厂、铝压延厂、针织厂等。到 1985 年，镇办企业达 31 家，工业总产值达 501.2 万元。文化站、广播站、电影放映队等相继成立，群众文化生活日渐丰富。大力发展教育、卫生、科技事业，百姓上学、就医问题有了基本保障。

改革开放和社会主义现代化建设时期，中国共产党带领王村人民以经济建设为中心，致富奔小康，全镇面貌发生很大的变化。兴修水利、平整土地、改善农业生产条件，推广机械化操作，实行科学种田，农业经济不断增强。全镇综合经济实力连年上新台阶。1996 年以后，连续三年保持荥阳市农村工作综合评比第一名，并跻身郑州市农村经济综合实力 30 强乡镇之列，全镇呈现出政通人和、经济发展、社会进步的新局面。2000 年 18 个行政村达到小康村标准，王村镇被郑州市委、市政府命名为首批小康乡镇。2000 年以来，王村镇党委坚持“三个代表”重要思想教育党员干部，致富思源，富而思进，用发展惠及民生。2008 年王村镇党委组织开展学习实践科学发展观活动，坚持以人为本，从人民群众的根本利益出发谋发展、促发展，不断满足人民群众日益增长的物质文化需要，切实保障人民群众的经济、政治和文化权益，让发展的成果惠及全体人民，特别是在基层开展的创先争优活动切实转变了干部的工作作风，密切了干群关系，保持了党的先进性和纯洁性。

步入新时代以来，王村镇党委、政府坚持以习近平新时代中国特色社会主义思想为指导，认真贯彻党的十八大、十九大、二十大精神，全面落实习近平总书记关于河南和郑州的重要讲话指示批示精神，主动作为，锐意进取，坚持以人民为中心的发展理念，坚持以党建高质量推动发展高质量，坚持稳中求进工作总基调，统筹经济社会发展，突出把国家黄河战略中王村使命责任扛起来，把郑州国家中心城市“西美”门户立起来，实现王村镇在郑州西部新城东融西联高质量发展中强起来。2020 年全镇生产总值增加至 21.97 亿元，完成财政收入 2856 万元，固定资产投资 27.91 亿元，社会消费品零售总额 18.99 亿元；居民人均可支配收入达到 23513 元，其他各项经济指标也同步增长。

三

现代农业稳步发展。王村镇大力推进高标准农田工程和农业基础设施建设，优化农业产业结构，优质水果、蔬菜种植面积持续扩大。坚持质量兴农、绿色兴农、品牌强农，打造无花果、葡萄、富硒梨等优质农产品品牌。拓展农业功能，推进产业融合，发展观光农业、体验农业、创意农业。2020 年，粮食总产量 4.68 万吨，蔬菜总产量 2.17 万吨，水果总产量 15.4 万吨。

工业转型步伐加快。王村镇工业起步早，基础好，游乐设备产业逐步发展壮大，企业总数 100 余家，产品涉及国家游乐产品名录 14 个大类所有游乐设施。王村镇党委、政府牢固树立科学发展理念，适时调整产业结构，以创新推动传统产业转型升级，重点发展先进制造业。截至 2020 年年底，王村镇企业总数 339 家，其中年销售收入 2000 万元以上的规模企业 9 家。全镇企业总产值实现 22 亿元，企业纳税总额 2856 万元，企业固定资产 7.68 亿元。

文化旅游全域升级。抓住黄河流域生态保护和高质量发展重大国家战略历史机遇，挖掘黄河文化，推出南水北调穿黄工程科普游，打造丰乐樱花园旅游风景区、古柏渡飞黄旅游区、黄河塬休闲旅游区、黄河影视文化产业园精品旅游线路。提升基础设施，美化人居环境，加快薛村、司村“郑州市美丽乡村精品村”的建设。

民生事业繁荣发展。加强学前教育、义务教育均衡发展，全面提高教育质量和水平，全镇有初中 2 所、小学 7 所、公立幼儿园 2 所，在校师生 4605 人。落实各项惠民政策，完善社会保障救助体系，做好基本公共卫生服务；有卫生院 1 所、村级标准化卫生室 24 所，实现三级医疗卫生服务体系全覆盖，农村安全饮水、天然气服务实现全覆盖。有镇综合文化服务中心 1 个和村级综合文化服务中心 24 个，实施文化惠民工程，扩大“一村一艺”免费培训项目，活跃群众文化生活。

后新庄村汉峰机电流水线作业　王红斌 摄

党建引领坚强有力。设党建工作办公室专门从事党建工作，认真推进“两学一做”、“不忘初心、牢记使命”主题教育、党史学习教育常态化、制度化，加强党的基层组织建设，推进基层党建高质量发展。截至 2020 年年底，王村镇基层党组织 30 个，党员 2397 人，党群服务中心 24 个。建成镇级新时代文明实践所 1 处，村级新时代文明实践站 16 处，2018 年王村镇被郑州市委、市政府评为郑州市文明村镇。

适应新发展阶段，贯彻新发展理念，构建新发展格局。王村镇党委、政府以满足人民日益增长的美好生活需要为根本目的，抢抓机遇、坚定信心、务实重干、开创未来，努力让王村的经济更发达、村庄更美丽、生态更良好、生活更舒适、社会更和谐，推动实现王村镇“产业复兴、乡村振兴、群众高兴”，在黄河流域生态保护和高质量发展国家战略中勇挑重担、贡献力量。

丰乐樱花园 王村镇人民政府 供图

王村镇双龙湾社区 石保定 摄

王村镇民宿　周建功 摄

基本镇情

汜水县县境图　乾隆《汜水县志》（1744 年）

建置区划

镇名由来

古名王留村。唐初武德四年（公元 621 年），“武牢之战”中秦王李世民大战窦建德于汜水东原，窦军大败。唐军追击数十里，于牛口将窦建德擒获。班师至今王村镇，天忽降雨，秦王李世民只好住宿于此。因秦王在此留住一宿，故称“王留村”，后为区别“留村”简称“王村”。

建置沿革

传说上古为高辛氏火正祝融之墟。

西周属东虢，春秋属郑，战国属韩。

秦属成皋。秦始皇帝二十六年（公元前 221 年）秦统一六国。分天下为 36 郡，成皋隶三川郡。

汉属成皋县。汉高祖元年（公元前 206 年）置成皋县，初属三川郡。汉高祖二年（公元前 205 年）改三川郡为河南郡，成皋属司隶部河南郡。

三国属司州部河南郡成皋县。晋武帝泰始元年（公元 265 年）置司州，成皋属河南郡。

北魏属成皋郡。北魏孝武帝永熙三年（公元 533 年）设成皋郡，隶北豫州部。

隋属荥阳郡汜水县。隋文帝开皇二年（公元 582 年）改成皋县为汜水县，属荥阳郡。大业三年（公元 607 年），属孟州汜水县。

唐、五代、宋仍之。

金属南京路郑州汜水县。

元属河南江北行中书省汴梁路郑州汜水县。

明、清属河南布政使司开封府郑州汜水县。

1912 年，属豫东道汜水县。

1922 年，汜水县划为城区、东南、西南、东北、西北 5 个区，西北区辖吴园、留村西北部、后殿三仓各村，东北区辖留村东部、木楼、新庄、王村四仓。

1931 年，汜水县改为 4 个区，第一区辖吴园、留村西北部、后殿三仓各村，第二区辖留村东部、木楼、新庄、王村四仓。

1940 年，汜水县划为玉门、锦川、五云、济渎 4 个乡，属玉门乡、济渎乡。

1948 年 4 月，汜水地区解放。是年 6 月，荥汜广县政府建立，王村、白杨、司村、薛村、韩村、留村、新店、新庄、朱砦、大村、柏朵、木楼、房罗 13 个乡属汜水区。是年 10 月，荥汜广县撤销，其中广武、汜水合并成立成皋县，属成皋县第四区。

1951 年 11 月，成皋县增设白杨区。

1954 年 6 月，荥阳、成皋二县合并，白杨区属荥阳县第九区。

1956 年 1 月，荥阳县第九区撤销，成立上街、白杨两个中心乡。

1957 年 2 月，中心乡改为基层乡，成立白杨、木楼、上街三个基层乡，辖王村、后白杨、后殿、司村、李村、韩村、留村、前新庄、大村、后新庄、柏朵、段坊、洼子、木楼、丁村、蒋头、房罗 17 个高级社。

1958 年 9 月，白杨、上街、木楼三个基层乡合并为白杨人民公社。

后白杨村　周建功 摄

后白杨村　位于王村镇政府西南 2 千米处，面积 1.37 平方千米，5 个村民组，375 户，1525 人。主要姓氏：李、张、王、宋、禹、周、魏等。

丁村村　位于王村镇政府东北 6 千米处，面积 4.97 平方千米，有前丁村、后丁村 2 个自然村，8 个村民组，1089 户，3736 人。主要姓氏：宋、王、闫、崔等。

后新庄村　位于王村镇政府东南 4 千米处，面积 2.36 平方千米，有后新庄、刘庄 2 个自然村，7 个村民组，608 户，2612 人。主要姓氏：刘、史、尹、苌、禹、马、侯等，是国家级非物质文化遗产苌家拳发源地。

丁村村　姜增杰 摄

后新庄村　王红斌 摄

留村村　位于王村镇政府南 4 千米处，面积 2.90 平方千米，10 个村民组，875 户，3813 人。主要姓氏：陈、石、王、赵、刘、邢、杨、房、周、白等。

木楼村　位于王村镇政府东 2 千米处，面积 5.04 平方千米，8 个村民组，855 户，3513 人。主要姓氏为夏、王、邓、张、李、贾、秦、陈、刘、石、潘、牛、禹、蔡等。

前白杨村　位于王村镇政府西南 3 千米处，面积 1.81 平方千米，6 个村民组，486 户，1946 人。主要姓氏：张、王、李、赵、高、宗、韩、马、贾、尹、郭、朱、苌、吴、季、戚、岳等。

留村村　王红斌 摄

木楼村 陈重孚 摄

前白杨村 陈重孚 摄

新店村 陈重孚 摄

新店村 位于王村镇政府南3千米处，面积1.36平方千米，有新店、河沟2个自然村，6个村民组，372户，1478人。主要姓氏：王、张、赵、吴、孙、何、马、宋、冯、尹、柴、华、苏、鹿、邢、韦、付、许等。

许庄村 位于王村镇政府南4.5千米处，面积1.59平方千米，有许庄、河寺2个自然村，7个村民组，2012人。主要姓氏：禹、季、李、薛、王、赵、阮、牛、许、张、卢、吴、武、刘等。

竹园村 位于王村镇政府东0.8千米处，面积0.90平方千米，8个村民组，279户，1237人。主要姓氏：周、李、朱、王、全、贾等。

西大村 位于王村镇政府东南5千米处，面积2.79平方千米，有西大村、阎家庄2个自然村，9个村民组，726户，3278人。主要姓氏：郑、靳、冯、张、陈、贾、温、侯、安、黑、闫、田、马、杨、程、赵、任、魏、李、高、宋等。

许庄村　王红斌 摄

西大村　王红斌 摄

竹园村 陈重孚 摄

薛村村　周建功 摄

薛村村　位于王村镇政府西3千米处，面积5.95平方千米，有薛村、李村、王庄、唐村、邢村、草庙、皮王村7个自然村，15个村民组，1222户，4776人。主要姓氏：薛、李、王、邢等。南水北调中线工程穿黄处，国家AAAA级旅游景区荥阳市古柏渡飞黄旅游区、丰乐樱花园旅游风景区位于该村。

前新庄村　位于王村镇政府东南5千米处，面积2.32平方千米，有前新庄、马鞍桥、郑庄3个自然村，8个村民组，652户，2905人。主要姓氏：金、王、武、崔、石、和、张、郑、宋、柴、赵、邢等。

前新庄村　王红斌 摄

房罗村 位于王村镇政府东 0.52 千米处，面积 4.45 平方千米，有房庄、罗村 2 个自然村，8 个村民组，746 户，3146 人。主要姓氏：李、蔡、张、周、许、何、王、尚、兑、房等。

段坊村 位于王村镇政府东 4 千米处，面积 2.78 平方千米，6 个村民组，587 户，2368 人。主要姓氏：高、李、王、荆、禹、于、郭、赵、吉、朱、康、许、陈、杨、尤、姬、杜、张、崔、苟等。

仁里村 位于王村镇政府东南 5 千米处，面积 1.38 平方千米，4 个村民组，296 户，1206 人。主要姓氏：吕、马、王、刘、高等。

司村村 位于王村镇政府西北 3 千米处，面积 3.64 平方千米，有司村、满沟、鹿坡、孤柏嘴 4 个自然村，9 个村民组，553 户，2127 人。主要姓氏：司、王、房、李等。黄河渡口孤柏渡位于该村。

蒋头村 位于王村镇政府东南 3 千米处，面积 2.44 平方千米，6 个村民组，510 户，2280 人。主要姓氏：李、赵、苌、陈、张、王、宋、郭、欧、谢、程、宁、付等。

柏朵村 位于王村镇政府东南 4.5 千米处，面积 3.09 平方千米，有东柏朵、西柏朵 2 个自然村，13 个村民组，707 户，3054 人。主要姓氏：冯、马、高、史、王、苌、张、孙等。

王村镇房罗社区 陈重孚 摄

段坊村　姜增杰 摄

仁里村　姜增杰 摄

司村村　周建功 摄

蒋头村　姜增杰 摄

柏枀村　姜增杰 摄

小村村　位于王村镇政府东南8千米处，面积1.91平方千米，有小村、桑园2个自然村，6个村民组，497户，2057人。主要姓氏：张、刘、耿、郑、杨、史等。

洼子村　位于王村镇政府东南2千米处，面积1.53平方千米，4个村民组，330户，1290人。主要姓氏：席、宋、徐、周等。

小村村　王红斌 摄

洼子村　姜增杰 摄

梁庄村　位于王村镇政府东南 1 千米处，面积 0.95 平方千米，有梁庄、大菜园 2 个自然村，4 个村民组，216 户，900 人。主要姓氏：王、苌、李、禹、张等。

梁庄村　陈重孚 摄

自然环境

地理位置

王村镇位于荥阳市西北部，距郑州市市区 33 千米，距荥阳市市区 14 千米。地理坐标为北纬 34°52′，东经 113°16′。东西宽 9.5 千米，南北长 11 千米，总面积 91.03 平方千米。东与高村乡曹寨、常村、司马、刘寨接界；南与城关乡的西史村和上街区接界；西与汜水镇的赵村、清静沟接界；北与武陟县相连。王村镇区位优越，连霍高速横贯全境并在韩村设有上街站出入口，S312、S236 穿境而过，西气东输、南水北调工程从王村镇穿越黄河。

地　形

王村镇北部濒临黄河，地势低下，为黄河滩地，平均海拔 100 米；北中部为邙岭，由北向南坡降 140 米；南部为平原，由西北向东南缓斜。黄河、枯河自西向东穿境而过。境内最高点在司村孤柏嘴，海拔 214 米；最低点在丁村北部河滩，海拔 98.7 米。

S312、S236 交汇　周建功 摄

连霍高速下站口　周建功 摄

黄河滩地　石保定 摄

邙岭　石保定 摄

黄河湿地　石保定 摄

王村镇南部平原　陈重孚 摄

山　脉

广武山位于辖区北部，北临黄河，海拔 150~214 米。民国《汜水县志》记载："广武山在城东北二里许，一曰三皇山。东跨荥阳，西跨汜水，连亘五十里。楚汉对垒于上，故更今名。唐太宗擒窦建德于山阴河滨之处。"

西起汜水口子、东至牛口峪间之山岭又名伯牛山。《左传》"晋师伐郑，次于伯牛"者即此。古之伯牛山，后人误作孤柏岭、古柏岭、孤柏嘴等，不一而足。孤柏岭为宋代岭名，在今荥阳市区西北王村镇西北部孤柏嘴一带。宋神宗熙宁四年（公元 1071 年），因汴河水口浅淀，应舜臣议新汴河口应开在孤柏岭下。《宋史 · 河渠 · 汴河》："有应舜臣者，独谓新口在孤柏岭下，当河流之冲，其便利可常用勿易，水大则以斗门，水小则为辅渠，于下流以益之。（王）安石善其议。"即指此地。

广武山　周建功 摄

气　候

王村镇属暖温带大陆性季风气候，四季分明并各具特色。春季风多干燥；夏季炎热多雨，水热同期；秋季天高气爽，光照充足，间有连阴雨天气出现；冬季寒冷干燥，风多雪少。春、秋相对较短，降水季节分配不均匀，全年降水多集中在 7 月、8 月、9 月三个月，期间常有暴雨。基本特点：光、热、水资源比较丰富，气候温和，有利于多种植物生长。但由于降水时空分布不均匀，旱灾成境内主要灾害，其次还有风灾、水灾、雹灾、雪灾等，对农业生产影响较大。

王村镇年平均气温 14.8 摄氏度，年平均降水量 608.8 毫米。

王村之春　石保定 摄

王村之夏　石保定 摄

王村之秋　石保定 摄

王村之冬　石保定 摄

河　流

黄　河　流经王村镇北部，由薛村村入境，流经司村村、后殿村、王村村、房罗村、木楼村，到丁村村出境。境内黄河全长 10 千米，水面宽处达 2 千米。流量一般 200~250 立方米 / 秒，旱时为 80~100 立方米 / 秒。水最深处达 5 米以上，浅处 2~3 米。由于上游泥沙冲积，河道北徙南滚不定。黄河南岸为广武山山体，北岸为 3 万余亩黄河滩区，河床为泥沙沉积物，地下水储量相对丰富。

孤柏渡位于王村镇司村村，为黄河上著名渡口。民国 17 年《汜水县志》记载：昔有古柏一株，唐秦王避雨树下，同袍无一沾濡，王乃神之，题名“千年灵根”，因名其地为“孤柏嘴”。孤柏嘴这段黄河岸缓水平，无急流，无河汊，船舶可直抵对岸，而不受嫩滩、烂水等干扰，故形成渡口。

枯河（砾溪）　砾溪又名砾石溪，俗称枯河。流经王村镇中部，源于王村镇西大村之济渎池，又有西源旃然池、北源木楼池。诸池已涸，今之水源出郑州市上街区廿十里铺肖

孤柏渡　石保定 摄

黄河　石保定 摄

枯河　周建功 摄

洼村，属黄河水系。境内流经小村村、前新庄村、西大村，全长 8.4 千米，河谷宽度 6~15 米。流量为 0.2~0.3 立方米 / 秒，年径流量为 630.72~946.08 万立方米。

土　壤

王村主要土种是白土、白立土、立黄土。

白　土　主要分布在王村镇北部，属于褐土土类，约占总面积的 37%。

白立土　主要分布于王村镇中部，约占总面积的 37%。

立黄土　主要分布在王村镇南部，属于潮土类，潮土亚类，两合土层，小两合土种，是由山洪土质冲积物形成，约占总面积的 19%。

王村还分布有少量的潮白土、砂姜底立黄土，约占总面积的 7%。

王村黄壤　周建功 摄

物产

粮食作物 小麦、玉米、谷子、稻子、高粱、红薯等。

经济作物 油菜、花生、芝麻、棉花、向日葵、黄豆、黑豆、绿豆、红豆、豌豆、扁豆、花椒等。

蔬 菜 茄子、西红柿、辣椒、蒜苔、蒜苗、菜苔、根莲菜、大青菜、白菜、红萝卜、白萝卜、土豆、大头菜、菠菜、韭菜、芹菜、生菜、豆角、芥菜、花菜、葱、大蒜、姜、芫荽、蘑菇、金针菇、梅豆、莲藕、甘蓝、小茴香、四季梅、冬瓜、黄瓜、丝瓜、苦瓜、菜瓜、笋瓜、西葫芦等。

瓜果类 无花果、葡萄、猕猴桃、樱桃、西瓜、甜瓜、香瓜、石榴、枣、桃、李、杏、梨、苹果、柿子、梅子、山楂、花红、核桃、山枣、草莓等。

用材林 楝树、柏树、松树、法国桐、泡桐、毛白杨、小叶杨、柳树、椿树、皂角树、桑树、榆树等。

小麦 石保定 摄

玉米　石保定 摄

菜苔　王红斌 摄

无花果　石保定 摄

观赏林　红叶石楠、红叶李、紫薇、黄杨球、橡桐树、桂花、五叶枫、五角枫、大叶女贞、金复叶、西府海棠、付叶柒、百日红、银杏树、七叶树、木槿、雪松、紫叶李、刺槐、国槐、紫穗槐、白蜡条等。

花草类　樱花、薰衣草、合欢花、海棠、广玉兰、桂花、梅花、水仙、芙蓉、芍药、牡丹、指甲草、迎春、夹竹桃、月季、菊花、仙人掌、鸡冠花等。

白木香（韩村古树） 石保定 摄

翠鸟 石保定 摄

斑鸠 石保定 摄

家畜类 牛、马、骡、驴、猪、羊、兔等。

禽　类 鸡、鸭、鹅、鸽子、花喜鹊、灰喜鹊、乌鸦、白脖老鸹、啄木鸟、柿喳、麻雀、大雁、小燕、黄莺、杜鹃、布谷鸟、鹌鹑、黄雀、山鸡、赤麻鸭、猫头鹰、雕、水鸭、戴胜、翠鸟、斑鸠、鹰隼、黄脚银鸥、白鹭等。

鹰隼 石保定 摄

黄脚银鸥 石保定 摄

白鹭　石保定 摄

水产类　鲤鱼、鲫鱼、青鱼、黄鳝、草鱼、河虾、螃蟹、蛙、螺、泥鳅、鲶鱼、金鱼等。

昆虫类　蝗虫、蚱蜢、蜻蜓、蚰子、蟋蟀、蝉、螳螂、斑衣蜡蝉、天蛾、灯蛾、凤蝶、蛱蝶、粉蝶、蝼蛄、蛴螬、金针虫、金龟子、象鼻虫、盲蝽蟓、天牛、瓢虫、蚊、苍蝇、草蛉、齿蛉、尺蠖、蜜蜂、橡头蜂、蚂蚁、牛虻等。

人口民族

人口总量

1982 年，全国第三次人口普查总数为 11069 户，51210 人，其中男性 24788 人，女性 26422 人，性别比 93.8（以女性为 100，下同）；大学毕业 46 人、大学肄业或在校 18 人，高中生 3312 人，初中生 14880 人。高中以上文化程度占比 6.6%。

1990 年，全国第四次人口普查总数为 13860 户，55697 人，其中男性 27474 人，女性 28223 人，性别比 97.35；大学本科 17 人，大学专科 64 人，中专 319 人，高中 3452 人，初中 20415 人。高中以上文化程度占比 6.9%。

2000 年，全国第五次人口普查总数为 13778 户，51525 人，其中男性 26146 人，女性 25379 人，性别比 103.02；研究生 1 人，大学本科 15 人，大学专科 230 人，中专 828 人，高中 4112 人，初中 25772 人。高中以上文化程度占比 10%。

2010 年，全国第六次人口普查总数为 13973 户，47888 人，其中男性 24077 人，女性 23811 人，性别比 101.12；研究生 17 人，大学本科 274 人，大学专科 1216 人，高中 14024 人，初中 21576 人。高中以上文化程度占比 32.4%。

2020 年，全国第七次人口普查 33036 人，其中男性 16932 人，女性 16104 人。

民族构成

截至 2020 年年底，辖区常住人口 15298 户，64300 人，其中汉族 64161 人，其他民族 139 人，包括蒙古族 12 人，回族 66 人，维吾尔族 2 人，苗族 8 人，壮族 10 人，布依族 4 人，仫佬族 1 人，满族 12 人，土家族 4 人，白族 1 人，侗族 3 人，鄂温克族 1 人，京族 2 人，羌族 5 人，彝族 7 人，藏族 1 人。

姓氏组成

王村镇主要姓氏有王、张、李、宋、陈、高、刘、赵、马、苌、禹、郑、冯、司、房、石、韩、贾、周、席、闫、夏、薛、杨、邢、崔、许、史、郭、吴、靳、尹、和、金、侯、徐、朱、邓、孙、程、吕、武、任、柴、耿、鹿、蔡、秦、魏、安、杜、季、温、苗、满、何、牛、田、付、阮、时、胡、雷、潘、宗、白、卢、全、黄、曹、苏、丁、荆、康、雒、阎、韦、肖、黑、常、袁、孟、顾、董、姜、于、姚、唐、梁、卫、郝、倪、沈、段、范、罗、尚、吉、欧、翟、申、谢、聂、贺、乔、岳、汪、鲁、彭、楚、庞、余、华、兑、孔、娄、焦、戚、陶、樊、方、关、宁、邱、曾、蒋、成、齐、梅、邵、柳、毛、褚、姬、景、车、葛、祝、万、谷、冉、荣、宫等。

社会发展

科技科普

1973 年，王村人民公社建成后新庄大队农科队，主要任务为繁育良种、指导生产。农科队长期坚持科学试验，1981 年，全大队实现原种化，小麦原种、玉米杂交种除自足外，还供应其他社队。1982 年，王村人民公社成立科学技术协会（简称“科协”），负责协调技术开发与科学技术普及工作。进入 21 世纪，科普活动全面展开，科技自主创新能力不断增强。2000 年，王村镇被郑州市人民政府评为“郑州市科技示范镇”，2006—2020 年，王村镇取得发明专利 17 项，实用新型专利 45 项，外观设计专利 5 项。

郑州市蔬菜研究所科技示范基地　石保定 摄

柏朵村喷灌 石保定 摄

王村镇 2006—2020 年发明专利统计

专利名称	申请人	专利申请号	申请日期	公告日	受理单位	专利类型	取得方式
智能化回缩式复合钻头	郑州神利达钻采设备有限公司	ZL2014100723886	2014.02.28	2016.03.16	国家知识产权局	发明型	自主研发
自动更换式麻花钻头群打井钻头及其麻花钻头更换方法	郑州神利达钻采设备有限公司	ZL2014102107836	2014.05.19	2016.07.27	国家知识产权局	发明型	自主研发
一种上下两面均可做头部的钻头	郑州神利达钻采设备有限公司	ZL2014102107925	2014.05.19	2016.06.08	国家知识产权局	发明型	自主研发
一种多重保径钻具	郑州神利达钻采设备有限公司	ZL2014102107573	2014.05.19	2016.06.08	国家知识产权局	发明型	自主研发

续表

专利名称	申请人	专利申请号	申请日期	公告日	受理单位	专利类型	取得方式
一种钻片上具有两个工作面的钻头	郑州神利达钻采设备有限公司	ZL2014102107499	2014.05.19	2016.08.17	国家知识产权局	发明型	自主研发
切芯碎芯复合钻头	郑州神利达钻采设备有限公司	ZL2014102107569	2014.05.19	2016.08.03	国家知识产权局	发明型	自主研发
游艺旋转车（虫虫转车）	郑州市万乐游艺设备有限公司	ZL2014303683627	2014.09.29	2015.02.17	国家知识产权局	外观设计	自主研发
一种采矿取样装置	郑州神利达钻采设备有限公司	ZL2014106010420	2014.11.01	2016.06.08	国家知识产权局	发明型	自主研发
一种钻杆连接器	郑州神利达钻采设备有限公司	ZL2014106027525	2014.11.01	2016.11.23	国家知识产权局	发明型	自主研发
一种基于水槽的矿用扩孔工具	郑州神利达钻采设备有限公司	ZL2014106026823	2014.11.01	2016.08.03	国家知识产权局	发明型	自主研发
可拆卸钻头	郑州神利达钻采设备有限公司	ZL2015105133127	2015.08.20	2017.07.21	国家知识产权局	发明型	自主研发
一种用于安装热交换管的挖掘杆	郑州神利达钻采设备有限公司	ZL201610876044X	2016.10.08	2018.10.12	国家知识产权局	发明型	自主研发
一种可在竖硬地层上高效施工的打桩机	郑州神利达钻采设备有限公司	ZL201610876157X	2016.10.08	2018.07.10	国家知识产权局	发明型	自主研发
一种防偏离的精准钻进钻头	郑州神利达钻采设备有限公司	ZL2016108761480	2016.10.08	2018.07.10	国家知识产权局	发明型	自主研发
一种水动力旋转装置及其旋转方法	郑州神利达钻采设备有限公司	ZL2016109997683	2016.11.14	2018.07.10	国家知识产权局	发明型	自主研发
水动力无钻杆防偏斜钻机及其支护伸缩装置的工作方法	郑州神利达钻采设备有限公司	ZL2016110007129	2016.11.14	2018.07.10	国家知识产权局	发明型	自主研发
水动力石油钻机及其工作方法	郑州神利达钻采设备有限公司	ZL2016109997607	2016.11.14	2018.07.10	国家知识产权局	发明型	自主研发

王村镇2006—2020年实用新型专利统计

专利名称	申请人	专利申请号	申请日期	公告日	受理单位	专利类型	取得方式
粉粹机的组合式锤头	郑州集成机械装备有限公司	ZL2006201350662	2006.12.15	2007.12.12	国家知识产权局	实用新型	自主研发
一种石料整形机	郑州集成机械装备有限公司	ZL2006201350677	2006.12.15	2007.12.12	国家知识产权局	实用新型	自主研发
一种复合粉碎机	郑州集成机械装备有限公司	ZL2006201350681	2006.12.15	2007.12.12	国家知识产权局	实用新型	自主研发
粉碎机叶轮刀头	郑州集成机械装备有限公司	ZL2006201350658	2006.12.15	2007.12.12	国家知识产权局	实用新型	自主研发
一种复合破碎机	郑州集成机械装备有限公司	ZL2008201495247	2008.10.06	2009.09.02	国家知识产权局	实用新型	自主研发
复合破碎机	郑州集成机械装备有限公司	ZL2008201495251	2008.10.06	2009.09.02	国家知识产权局	实用新型	自主研发
一种单段锤式破碎机	郑州集成机械装备有限公司	ZL2008201495266	2008.10.06	2009.09.02	国家知识产权局	实用新型	自主研发
破碎机锤盘及具有该锤盘的锤式破碎机	郑州集成机械装备有限公司	ZL2008201495232	2008.10.06	2009.09.02	国家知识产权局	实用新型	自主研发
单段锤式破碎机	郑州集成机械装备有限公司	ZL2008201495270	2008.10.06	2009.09.02	国家知识产权局	实用新型	自主研发
破碎机筛板调整装置及具有该装置的环锤式破碎机	郑州集成机械装备有限公司	ZL2008201495660	2008.10.07	2009.09.02	国家知识产权局	实用新型	自主研发
一种铜萃取剂	郑州市德源精细化学品有限公司	ZL2010103002617	2010.01.13	2012.12.19	国家知识产权局	实用新型	自主研发
热循环式沥青混凝土拌合机	潘发成	ZL2013208099143	2013.12.07	2014.06.18	国家知识产权局	实用新型	自主研发
沥青拌合机	潘发成	ZL2013306152659	2013.12.07	2015.02.04	国家知识产权局	实用新型	自主研发
自除尘式沥青混凝土拌合机	潘发成	ZL2013208098973	2013.12.07	2014.06.18	国家知识产权局	实用新型	自主研发

续表

专利名称	申请人	专利申请号	申请日期	公告日	受理单位	专利类型	取得方式
便于启动的沥青混凝土拌合机	潘发成	ZL2013208095778	2013.12.07	2014.06.18	国家知识产权局	实用新型	自主研发
除尘的燃煤式沥青混凝土拌合机	潘发成	ZL2013208099054	2013.12.07	2014.06.18	国家知识产权局	实用新型	自主研发
燃煤式沥青混凝土拌合机	潘发成	ZL2013208084557	2013.12.07	2014.06.18	国家知识产权局	实用新型	自主研发
强制进风式沥青混凝土拌合机	潘发成	ZL2013208085263	2013.12.07	2015.02.25	国家知识产权局	实用新型	自主研发
一种带支腿的正反转气动手持式钻机	郑州神利达钻采设备有限公司	ZL201420036775X	2014.01.22	2014.08.20	国家知识产权局	实用新型	自主研发
一种二烷基次磷酸的制备方法	郑州市德源精细化学品有限公司	ZL2014100535730	2014.02.14	2017.01.04	国家知识产权局	实用新型	自主研发
铜萃取剂专用络合剂及其制备方法	郑州市德源精细化学品有限公司	ZL2015104753993	2015.08.05	2017.07.21	国家知识产权局	实用新型	自主研发
重量为负数的金飞蝶碾库的使用方法	郑州中德美游乐设备有限公司	ZL2015108062369	2015.11.20	2017.11.14	国家知识产权局	实用新型	自主研发
金飞蝶的使用方法	郑州中德美游乐设备有限公司	ZL2015108062621	2015.11.20	2018.03.30	国家知识产权局	实用新型	自主研发
金飞蝶的制作方法	郑州中德美游乐设备有限公司	ZL201510806280X	2015.11.20	2018.08.28	国家知识产权局	实用新型	自主研发
空中载人游乐器具游乐场	郑州中德美游乐设备有限公司	ZL2015108063200	2015.11.20	2017.11.14	国家知识产权局	实用新型	自主研发
金飞蝶	郑州中德美游乐设备有限公司	ZL2015108062975	2015.11.20	2018.10.12	国家知识产权局	实用新型	自主研发
一种沥青储存罐及其燃煤加热器	潘发成	ZL2015210169251	2015.12.09	2016.06.29	国家知识产权局	实用新型	自主研发
一种沥青储存罐及其气体搅拌器	潘发成	ZL2015210168244	2015.12.09	2016.06.29	国家知识产权局	实用新型	自主研发

续表

专利名称	申请人	专利申请号	申请日期	公告日	受理单位	专利类型	取得方式
一种电加热式沥青储存罐	潘发成	ZL2015211122021	2015.12.29	2016.06.29	国家知识产权局	实用新型	自主研发
一种沥青罐及其称重装置	潘发成	ZL2015211123575	2015.12.29	2016.06.29	国家知识产权局	实用新型	自主研发
一种燃气加热式沥青储存罐	潘发成	ZL2015211124173	2015.12.29	2016.06.29	国家知识产权局	实用新型	自主研发
一种沥青储存装置及其抽排装置	潘发成	ZL2015211123359	2015.12.29	2016.06.29	国家知识产权局	实用新型	自主研发
一种沥青储存罐及其罐体	潘发成	ZL2015211123325	2015.12.29	2016.08.10	国家知识产权局	实用新型	自主研发
水动力石油钻机	郑州神利达钻采设备有限公司	ZL2016212226179	2016.11.14	2018.02.02	国家知识产权局	实用新型	自主研发
一种加热炉及其炉门结构	潘发成	ZL2017210472972	2017.08.21	2018.02.23	国家知识产权局	实用新型	自主研发
一种炉门结构及使用该炉门结构的加热炉	潘发成	ZL2017210462415	2017.08.21	2018.05.08	国家知识产权局	实用新型	自主研发
沥青混合料装袋机	潘发成	ZL2017210460890	2017.08.21	2018.05.08	国家知识产权局	实用新型	自主研发
一种多功能的金钢石钻头	郑州神利达钻采设备有限公司	ZL201721682057X	2017.12.06	2018.06.29	国家知识产权局	实用新型	自主研发
一种高效率的钻孔机钻头	郑州神利达钻采设备有限公司	ZL2017216828035	2017.12.06	2018.06.29	国家知识产权局	实用新型	自主研发
一种应用范围大的钻机	郑州神利达钻采设备有限公司	ZL2017216827988	2017.12.06	2018.09.28	国家知识产权局	实用新型	自主研发
一种基于多层结构的金钢石钻头	郑州神利达钻采设备有限公司	ZL2017216820565	2017.12.06	2018.09.28	国家知识产权局	实用新型	自主研发
一种高效金钢石钻头	郑州神利达钻采设备有限公司	ZL2017216820762	2017.12.06	2018.09.28	国家知识产权局	实用新型	自主研发
一种水清洗式的钻孔机杆	郑州神利达钻采设备有限公司	ZL2017216810008	2017.12.06	2018.09.28	国家知识产权局	实用新型	自主研发

续表

专利名称	申请人	专利申请号	申请日期	公告日	受理单位	专利类型	取得方式
软性多角度钻孔装置	郑州神利达钻采设备有限公司	ZL2017216828020	2017.12.06	2018.09.28	国家知识产权局	实用新型	自主研发
一种加工中心推拉门	荥阳市王村镇后殿村	ZL2018204440875	2018.03.30	2018.11.20	国家知识产权局	实用新型	自主研发

王村镇 2006—2020 年外观设计专利统计

专利名称	申请人	专利申请号	申请日期	公告日	受理单位	专利类型	取得方式
游艺旋转车（虫虫转车）	郑州市万乐游艺设备有限公司	ZL2014303683627	2014.09.29	2015.02.17	国家知识产权局	外观设计	自主研发
游乐设备（大白鲨）	郑州甜蜜村游乐设备有限公司	ZL2015303675729	2015.09.22	2015.12.12	国家知识产权局	外观设计	自主研发
游乐设备（狮来运转）	郑州甜蜜村游乐设备有限公司	ZL2015303676295	2015.09.22	2015.12.12	国家知识产权局	外观设计	自主研发
游乐设备（终结者）	郑州甜蜜村游乐设备有限公司	ZL2015303674266	2015.09.22	2015.12.14	国家知识产权局	外观设计	自主研发
自控飞机（狮王争霸）	荥阳市王村镇蒋头村	ZL2018300943635	2018.03.14	2018.09.12	国家知识产权局	外观设计	自主研发

学校教育

中华人民共和国成立前，教育以私塾为主，私塾以专馆较多，也有散馆或家塾。

1907 年，设立西大村高等小学堂。

1908 年，兴办初等小学堂 6 处：段坊小学堂、柏朵小学堂、蒋头小学堂、后丁村小学堂、木楼小学堂、后新庄小学堂。

1923 年，各村均建有初级小学。

1931 年，汜水第二区两处完小分设在西大村、木楼村。

1940 年，改乡村小学为中心国民学校，王村小学改为汜水县玉门乡第二中心国民学校（简称玉中二校），西大村小学改为汜水县济渎乡第一中心国民学校，木楼小学改为汜水县济渎乡第三中心国民学校。

1949 年 1 月，汜水县玉门乡第二中心国民学校改为成皋县第十九完全小学，汜水县济渎乡第一中心国民学校改为成皋县第十六完全小学，汜水县济渎乡第三中心国民学校改为成皋县第十八完全小学。

1949 年 8 月，成皋县第十九完全小学改为王村完全小学、成皋县第十六完全小学改为西大村完全小学、成皋县第十八完全小学改为木楼完全小学。

1956 年，王村小学附设初中班，名为荥阳第七中学。

1958 年，留村小学改为民办初中。

1972 年，王村人民公社有小学及教学点 26 个，初中 14 所，高中 1 所。

1974 年，王村人民公社有小学及教学点 42 个，初中 14 所，高中 1 所。

1975 年，王村人民公社有小学及教学点 30 个，初中 17 所，高中 1 所。

1977 年，王村人民公社有小学及教学点 15 个，初中 14 所，高中 1 所。

1978 年，各大队学校附设幼儿班，后改为育红班。

1978 年，王村人民公社高中收归县办，改为荥阳王村高中。

1979 年，王村人民公社有小学及教学点 26 个，初中 15 所，高中 1 所。

1982 年，王村人民公社有小学及教学点 32 个，初中 18 所，高中 1 所。

1985 年，王村乡有小学及教学点 21 所，初中 11 所，高中 1 所。

1994 年，王村高中改为荥阳市第四职业高级中学。

1998 年，完成初中设点布局，王村镇初级中学调整为 5 所：王村镇第一初级中学、王村镇第二初级中学、王村镇第三初级中学、王村镇第四初级中学、王村镇第五初级中学。

2000 年，王村镇有小学 25 所，初中 5 所，高中 1 所。

2004 年，撤销王村镇第四初级中学，并入王村镇第一初级中学。

2005 年，撤销王村镇第五初级中学，并入王村镇第二初级中学。

2006 年，原王村镇第五初级中学，改建为王村镇第一小学（撤销前新庄小学、后新庄小学、小村小学、仁里小学、蒋头小学、许庄小学）。

2007 年，撤销王村镇第三初级中学，并入王村镇第一初级中学；原王村镇第三初级中学改建为王村镇第二小学（撤销木楼小学、洼子小学、前丁村小学、后丁村小学、段坊小学、柏朵小学），成立王村镇大悲寺小学（撤销薛村小学、草庙小学、司村小学、后殿小学、后白杨小学）。

2009 年，原荥阳市第四职业高中改建为王村镇第三小学（撤销王村小学、房罗小学、

王村镇第三小学　王村三小 供图

王村镇第三小学 成立于2009年，位于王村村。占地面积2.67万平方米，建筑面积6400平方米。现有13个教学班，在校生750人，教职工65人。该校是郑州市教育系统“双关爱”活动示范学校。

王村镇西大村小学 始建于20世纪40年代，位于西大村。占地面积3600平方米，建筑面积1800平方米。现有6个教学班，在校生170人，教职工12人。该校是郑州市人民满意学校、郑州市标准化小学。

王村镇大悲寺小学 始建于1965年，位于后殿村。占地面积6680平方米，建筑面积1200平方米。现有6个教学班，在校生102人，教职工12人。

王村镇韩村小学 始建于20世纪70年代，位于韩村村。占地面积8900平方米，建筑面积2190平方米。现有6个教学班，在校生120人，教职工12人。该校是郑州市综合实践活动先进单位。

王村镇留村小学 成立于1991年，位于留村村。占地面积4666.7平方米，建筑面积1400平方米。现有6个教学班，在校生130人，教职工12人。该校是郑州市标准化小学。

王村镇第一中心幼儿园 成立于2010年8月，原名为王村镇中心幼儿园，位于原王

王村镇西大村小学　周建功 摄

王村镇留村小学　王红斌 摄

王村镇第一中心幼儿园　第一中心幼儿园 供图

王村镇第二中心幼儿园 第二中心幼儿园 供图

村小学。2020 年 8 月更名为王村镇第一中心幼儿园。占地面积 9600 余平方米，建筑面积 3000 余平方米。现有 8 个班，在园幼儿 185 人，教职工 28 人。该园是郑州市一级幼儿园。

王村镇第二中心幼儿园 成立于 2020 年 9 月，位于小村村。占地面积 1520 平方米，建筑面积 500 平方米。现有 4 个班，在园幼儿 83 人，教职工 12 人。

医疗卫生

中华人民共和国成立前，本地区没有医疗卫生设施，只有部分散落在农村的中医中药铺。

中华人民共和国成立后，公共卫生事业得到发展。1952 年，木楼村、后白杨村成立联合诊所。1963 年，新建王村人民公社卫生院。1973 年，王村人民公社卫生院改为荥阳县王村卫生院。1994 年，荥阳县王村卫生院改为荥阳市王村卫生院。

改革开放以来，王村镇加大对医疗事业的投入，农村基层医疗设施不断完善，实现三级医疗卫生服务体系全覆盖。截至 2020 年年底，有卫生院 1 所，医疗卫生人员 50 名；村级卫生所 24 所，在岗村医 61 人。

荥阳市王村卫生院　成立于 1963 年，原址在王村大街。1995 年，在王村镇金滩市场西北建设新院区。2005 年，迁至新院址。占地面积 10000 平方米，建筑面积 3494.4 平方米，开设病床 60 张，现有在职职工 51 人，设置内科、外科、口腔科、中医科、骨科、颈肩腰腿疼科、放射科、检验科、药房、防保科、公共卫生科等科室，配备有 300mA X 射线机、C 型臂、DR 数字化 X 线影像机、彩超、全自动生化分析仪、12 导心电图机、24 小时动态心电图机、呼吸机、除颤仪、监护仪、制氧机、臭氧治疗机、内热针灸治疗仪、健康一体机、红外线乳透机、体检车、救护车等医疗设备。

2021 年，王村镇持续推进疫情常态化管控，坚持外防输入，内防反弹，加强重点部位、关键环节管控，做好日常排查监测，保持警惕，落实重点人群排查管理和应检尽检。强化防控物资储备，有序推进新冠疫苗分批接种，做到“应接尽接、应快尽快”，构建全民健康免疫屏障。

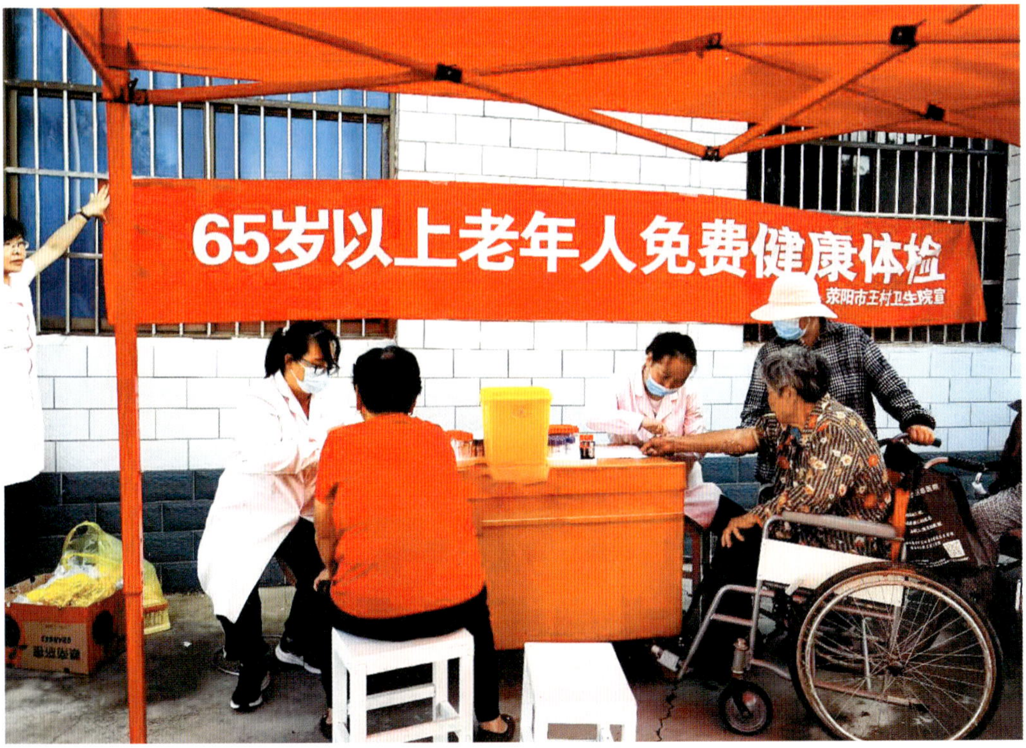

王村镇卫生院免费健康体检　王村镇人民政府 供图

群众文化

文化设施

1952 年，白杨区设有文化站。

1958 年，成立白杨社区广播站。

1963 年，成立王村人民公社文化站。

1974 年，成立电影放映队。

1982 年，电影放映队改为电影管理站。

1988 年，王村乡建成标准化文化中心。

1996 年，成立王村电视台。

2003 年，各村均建成农村文化大院，设立图书室、阅览室。

2009 年，王村镇文化站建成并投入使用。

2012 年，王村镇文化站增设电子阅览室。

2013 年，修缮王村大街古戏楼。

2018 年，梁庄村、韩村村、薛村村、司村村建成标准化篮球场地。

木楼文化广场 薛红建 摄

2019 年，后殿村、西大村、小村村、段坊村建成戏曲舞台。

2020 年，薛村村、司村村、留村村、洼子村建成戏曲舞台。

截至 2020 年年底，建成镇村综合文化服务中心 25 个，其中图书阅览室面积 1075 平方米，图书 54860 册，文化活动室面积 1627 平方米，数字资源室面积 802 平方米，多功能室面积 1650 平方米。全镇建成文化活动广场面积 26050 平方米，简易戏台面积 3929 平方米，配备文化器材 104 套、广播器材 31 套、体育设施器材 177 套，设置文化宣传栏 25 处，有业余文体团队 50 个、文化专兼职人员 43 名。

王村镇文化站 占地面积 300 平方米，设有图书阅览室、文体活动室、多功能培训室、公共电子阅览室，上架图书 1 万余册，配有台球案、乒乓球桌、棋牌桌等活动器材，免费对外开放。

文化活动

从 1981 年开始，每年农历正月十四在王村广场组织元宵节文艺汇演。

1986 年，举办王村乡元宵节灯谜会。

1990 年，举办王村小学生优秀学生书画作品展。

1992 年，王村狮舞团进京参加全国龙潭杯优秀花卉大赛。

1994 年，举办“庆六一”儿童话剧演出活动。

1995 年，举办“迎七一”红歌比赛。

1996 年，举办王村镇庆祝中国共产党建党 75 周年红歌大合唱活动。

1997 年，举办王村镇群众性民间文艺汇演活动。

1998 年，举办王村镇五四青年节书画展。

1999 年，举办庆祝澳门回归、喜迎 2000 年大型群众文艺活动。

2000 年，举办王村镇千禧年群众文艺演出活动。

2001 年，举办“好公婆”“好媳妇”评选活动。

2002 年，举办“五一”戏曲大联欢活动。

2004 年，举办庆祝建国 55 周年戏曲汇演活动。

2005 年，举办“一村一艺”文艺培训活动。

2007 年，举办“夕阳红”广场舞比赛。

2008 年，举办“迎奥运”群众文艺演出活动。

2014 年，举办首届“欢乐乡村”农民戏曲大赛。

元宵节文艺汇演　薛红建 摄

群众文化活动　王村镇人民政府 供图

2016 年 3 月，举办第一届“河南 · 郑州 · 荥阳黄河樱花节”。

2016 年 6 月，举办“庆七一 · 颂党恩”书法笔会。

2016 年 6 月，举办第二届“欢乐乡村”戏曲大赛。

2017 年 3 月，举办第二届“河南 · 郑州 · 荥阳黄河樱花节”。

2017 年 4 月，举办荥阳市王村镇首届段坊赏花节。

2017 年 5 月，举办“江阴周庄”2017 中国体育彩票全国象棋业余棋王赛“晨钟杯”河南赛区荥阳市王村镇预选赛。

2017 年 7 月，举办“中国语文朗读”大赛。

2017 年 9 月，举办首期象棋培训活动。

2017 年 10 月，参加荥阳市“文明棋都杯”象棋比赛，获得老年组团体一等奖。

2018 年 3 月，举办第三届“河南 · 郑州 · 荥阳黄河樱花节”。

2018 年 3 月，举办荥阳市首届乡村旅游节暨王村段坊赏花节。

2018 年 9 月，荥阳市第七期“草根大舞台”活动走进王村镇。

2018 年 9 月，举办“一村一艺”广场舞免费培训活动。

2018 年 11 月，举办“一村一艺”戏曲免费培训活动。

2018 年 12 月，举办第三届“欢乐乡村”戏曲大赛活动。

荥阳第二届黄河樱花节（2017 年） 映象网 供图

王村镇段坊第二届赏花节　王村镇人民政府 供图

2019 年 1 月，举办“笔墨凝香贺新春，挥毫迎春送万福”活动。

2019 年 3 月，举办第四届“河南・郑州・荥阳黄河樱花节”。

2019 年 3 月，举办荥阳市王村镇第三届段坊赏花节。

2019 年 6 月，举办“红心向党・红歌飞扬”爱国歌曲大家唱活动。

2019 年 8 月，举办荥阳市美丽乡村欢乐游暨王村镇首届无花果采摘节。

2019 年 9 月，举办“一村一艺”广场舞免费培训活动。

2019 年 9 月，举办 2019 全国象棋业余棋王赛王村镇棋王预选赛活动。

2019 年 10 月，举办红色故事宣讲活动。

2019 年 11 月，举办王村镇第四届“欢乐乡村”戏曲大赛。

2020 年 1 月，举办“笔墨浓情写春意文化惠民贺新春”义务送春联活动。

2020 年 3 月，举办第五届“河南・郑州・荥阳黄河樱花节”。

2020 年 4 月，举办“致敬英雄心随‘荥’荥阳市人民向援鄂英雄致敬”免费赏樱活动。

2020 年 4 月，举办“蒋头舞狮”爬老杆非遗展演。

2020 年 4 月，举办“全民读书日”活动。

2020 年 6 月，举办“阅读进校园阅读悦成长”活动。

王村镇段坊第三届赏花节　石保定 摄

荥阳第六届黄河樱花节（2021 年）　蒋士勋 摄

2020 年 6 月，举办王村镇公益戏曲培训活动。

2020 年 6 月，举办“一村一艺”戏曲免费培训活动。

2020 年 6 月，举办荥阳市“索城欢歌”经典歌曲大家唱比赛王村镇初赛活动。

2020 年 8 月，举办“翰墨飘万家”书法创作交流活动。

2020 年 9 月，举办“一村一艺”广场舞培训活动。

2020 年 9 月，举办荥阳市“丰收杯”棋王赛王村镇初赛活动。

2020 年 9 月，举办荥阳市美丽乡村欢乐游暨王村镇第二届无花果采摘节。

2020 年 10 月，举办荥阳市“舞动索城”广场舞比赛王村镇初赛活动。

2020 年 10 月，举办“翰墨迎重阳送福千万家”书法创作交流活动。

2020 年 10 月，举办“黄河之美、王村赏月”暨“奥斯卡老龙窝电影文化月”仲秋、国庆消费活动。

2020 年 11 月，举办荥阳市“索城有戏”比赛王村镇初赛活动。

社会保障

社会保险

2008 年，王村镇开始实施城乡居民养老保险制度。

2008 年，城乡居民养老保险参保人数 2868 人。

2009 年，城乡居民养老保险参保人数 5195 人。

2010 年，城乡居民养老保险参保人数 22351 人。

2011 年，城乡居民养老保险参保人数 35239 人。

2012 年，城乡居民养老保险参保人数 35688 人。

2013 年，城乡居民养老保险参保人数 36034 人。

2014 年，城乡居民养老保险参保人数 36346 人。

2015 年，城乡居民养老保险参保人数 36754 人。

2016 年，城乡居民养老保险参保人数 37230 人。

2017 年，城乡居民养老保险参保人数 37746 人。

2018 年，城乡居民养老保险参保人数 38202 人。

2019 年，城乡居民养老保险参保人数 38415 人。

2020 年，城乡居民养老保险参保人数 38589 人。

医疗保险

2006 年，王村镇开始实施新型农村合作医疗保险。

2009 年，新型农村合作医疗保险完成参保续费 51607 人，参保率 98.7%。

2010 年，新型农村合作医疗保险完成参保续费 47778 人，参保率 98.73%。

2011 年，新型农村合作医疗保险完成参保续费 53387 人，参保率 99.05%。

2012 年，新型农村合作医疗保险完成参保续费 53848 人，参保率 99.72%。

2013 年，新型农村合作医疗保险完成参保续费 54641 人，参保率 99.24%。

2014 年，新型农村合作医疗保险完成参保续费 54893 人，参保率 98.3%。

2015 年，新型农村合作医疗保险完成参保续费 54929 人，参保率 98.36%。

2016 年，新型农村合作医疗保险完成参保续费 54927 人，参保率 99.1%。

2017 年，新型农村合作医疗保险完成参保续费 54537 人，参保率 98.8%。

2018 年，城镇基本医疗保险与新型农村合作医疗保险合并为城乡居民基本医疗保险，完成参保续费 49963 人，参保率 93.5%。

2019 年，城乡居民基本医疗保险完成参保续费 49004 人，参保率 91.7%。

2020 年，城乡居民基本医疗保险完成参保续费 48732 人，参保率 91.2%。

社会救助

从 2005 年起，王村镇实行最低生活保障制度。截至 2021 年 2 月，有农村低保 548 户 905 人、城市低保 12 户 12 人。按国家低保政策，农村低保分三个等级发放补助资金，A 类救助标准为每人每月 511 元，B 类救助标准为每人每月 408.8 元，C 类救助标准为每人每月 306.6 元；城市低保救助标准为每人每月 730 元。所有低保家庭每月享受电费补贴 5.6 元，水、气补贴 28.8 元。低保户家庭成员每年的医疗保险及养老保险费用由政府统一支付。

2005 年，王村镇实行五保供养制度。2017 年，五保供养制度修改为特困人员供养制度。2018 年，特困人员集中供养改由荥阳市福利中心承担。截至 2021 年 2 月，有特困供养 106 户 106 人，其中分散供养 88 人，荥阳福利中心集中供养 18 人。

2013 年，低保 951 户 1361 人，五保供养 95 户 95 人。

2014 年，低保 1009 户 1419 人，五保供养 93 户 93 人。

2015 年，低保 997 户 1424 人，五保供养 93 户 93 人。

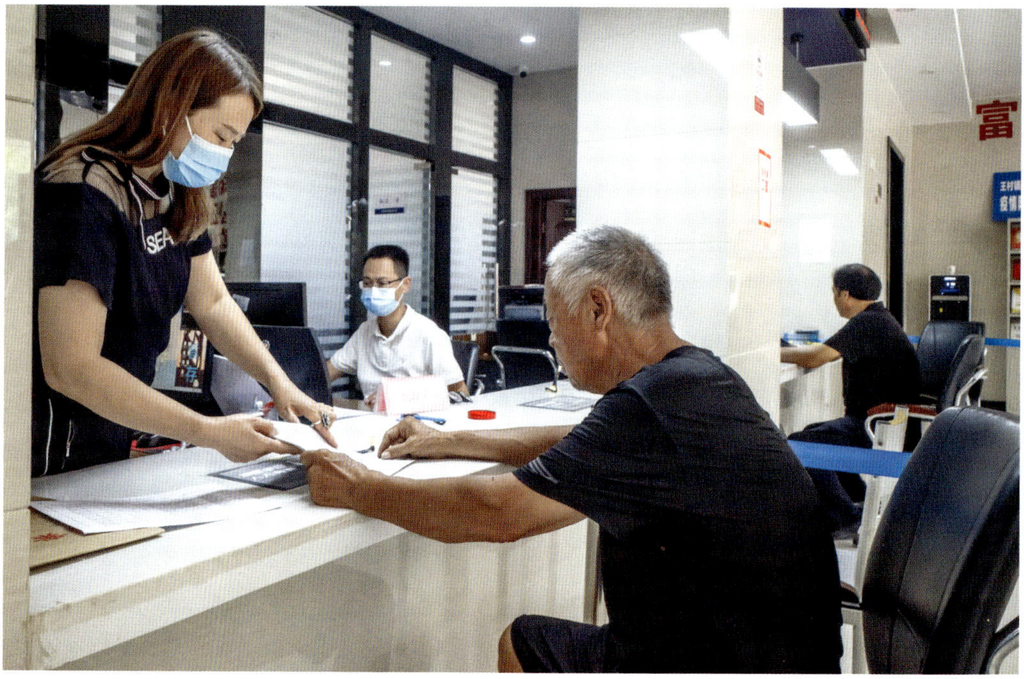

王村镇便民服务中心　石保定 摄

2016 年，低保 988 户 1396 人，五保供养 103 户 103 人。

2017 年，低保 723 户 1202 人，特困供养 98 户 98 人。

2018 年，低保 626 户 1039 人，特困供养 105 户 105 人。

2019 年，低保 619 户 1012 人，特困供养 107 户 107 人。

2020 年，低保 567 户 919 人，特困供养 105 户 105 人。

居民生活

衣　中华人民共和国成立前，男子多着粗布大襟或开胸短衣，妇女多穿粗布大襟短衣，男女悉着布鞋布袜。中华人民共和国成立后，服饰颜色多为灰、蓝、黑，主要有中山服、青年服、列宁服、白衬衣、蓝裤子、对襟棉袄，布料多以机织棉为主，鞋子多为手工布鞋。改革开放以来，服饰发生很大变化，布料有机织细布、化纤、绸缎、毛料等，样式、颜色多样化，皮鞋、运动鞋流行。进入 21 世纪，随着居民生活水平的不断提高，穿着款式趋向个性化，制作强调精细化，面料趋向高档化。

食 中华人民共和国成立前，“糠菜半年粮”，能吃上纯玉米面馍、喝上纯小米稀饭或玉米糊的农户极少。中华人民共和国成立后，特别是实行家庭联产承包责任制以来，粮食产量大幅度提高，绝大多数居民全年吃细粮。进入21世纪，食品种类日渐丰富，瓜果蔬菜、肉禽蛋奶琳琅满目，膳食结构日趋优化，绿色食品备受青睐，在满足需求的同时，健康和营养成为新的关注点，绿色无污染成为新的追求。

住 中华人民共和国成立前，贫苦人家多用麦草修缮房顶，有的屋墙全是土墩子，孤柏嘴、满沟和王村坡的农民依山建窑居住。中华人民共和国成立后，居民住宅多为四合院或三合院，家境条件差的是土墙草房，中等条件的是砖根脚、土墙、草顶或瓦顶，家景条件好的是混砖到顶的小瓦或大红瓦房。上房多数为三间，也有明三暗五的。改革开放以来，盖房多用钢筋水泥，多层楼房开始兴起，铝合金门窗、面砖外装饰、室内吊顶、铺地板砖较为普遍。进入21世纪，多注重宽敞、舒适、美观，装修流行，各式家具一应俱全。2012年，先后建起幸福家园、后新庄社区、房罗社区、双龙湾社区，部分群众入住社区，水、电、气配套齐全。

留村全家福老照片 李志和 供图

21世纪王村镇居民日常饮食　石保定　张利敏 摄

居民新式住宅内景　陈重孚 摄

留村村美丽庭院　王红斌 摄

行 王村镇地势平坦，旧时居民走亲访友、出行多步行，较远的路程多骑毛驴或坐铁脚马车。改革开放以来，自行车盛行，摩托车、机动三轮车增多，小汽车进入家庭。进入21世纪，私家车拥有量不断增加，城乡公交普及，群众出行方便快捷。居民追求低碳出行，新能源汽车已步入当地群众生活。

20世纪90年代居民出行老照片 王村镇人民政府 供图

现代居民驾车出行 石保定 摄

精神文明建设

1963 年，中小学开展“学雷锋”活动。

1964 年，开展学习焦裕禄革命精神活动。

1981 年，开展“学雷锋、树新风，做建设社会主义精神文明的先锋”活动。

1984 年，开展“五讲四美三热爱”活动。（五讲：讲文明、讲礼貌、讲秩序、讲道德、讲卫生；四美：心灵美、语言美、行为美、环境美；三热爱：热爱共产党、热爱人民、热爱社会主义。）

1990 年，开展争创“十星级文明农户”评比活动。

2002 年，开展“七争七建”（争建文明城市、争建文明乡镇、争建文明社区、争建文明单位、争建文明行业、争建文明村组、争建文明家庭）为载体的“道德规范进万家”活动。

2006 年，举办“学雷锋”演讲比赛。

2011 年，王村镇创成郑州市级文明村镇。

2015 年，开展“修身行善、明礼守法”全民行动。

2015 年，王村镇司村村民王西广入选“中国好人榜”，并荣获第五届河南省道德模范称号。

2016 年，王村镇丁村村民崔俊叶被评为“2015 感动荥阳十大人物”。

2018 年，王村镇丁村村民崔俊叶被评为第二届“河南省乡村好媳妇”。

2019 年，王村镇蝉联郑州市级文明村镇。

2020 年，王村镇新时代文明实践所建成并投入使用。

截至 2020 年年底，王村镇有荥阳市级文明村 16 个，建成镇级新时代实践所 1 处、村级新时代文明实践站 16 处。镇级实践所有理论政策志愿服务队、文化文艺志愿服务队、卫生健康志愿服务队、科技科普志愿服务队、法律服务志愿服务队、生态环保志愿服务队、孝善帮困志愿服务队、苌家拳非遗文化志愿服务队、古柏渡文明旅游志愿服务队、沿黄护河行动志愿服务队等志愿队伍，村级实践站有志愿服务队 120 支，志愿服务人员 1000 余人。

20 世纪 80 年代组织青年向雷锋同志学习老照片　王村镇人民政府 供图

20 世纪 90 年代“乐善好施　助人为乐”表彰老照片　王村镇人民政府 供图

许庄村“好婆婆、好媳妇”表彰会 映象网 供图

平安建设

2004 年以来，镇党委政府每年与各行政村签订目标责任书，将季度、半年考核分值纳入年终考核，扎实推进平安建设。依托社会治安综合治理、预防和处置突发事件、安全生产、法治宣传教育等基层组织建设以及村级治保委员会、调解委员会等群众自治组织建设，有效贯彻“预防为主、打防结合”方针，群防群治、联防联控网络全覆盖。发挥农村党员、平安志愿者、义务巡逻队伍在村务监督、宣传教育、未成年人思想道德教育、义务巡逻、邻里纠纷调解、维护社会治安等方面的作用，人防、技防、物防结合，对重点领域、重点行业、重点部位、重点时段路段实行重点监控，有力预防、控制和打击违法犯罪，实现全镇政治大局和社会大局平安稳定。“普法教育”进村入户，开展法律讲座和送法进农村、进社区、进学校、进机关、进企业活动，提高全民法治意识，各村均制定有村民自治章程和平安村民公约，实现群众自我教育、自我服务、自我管理、自我监督，群众安全感、获得感和幸福感增加，执法满意度逐年提升。

王村镇普法宣传　石保定 摄

乡镇建设

功能区布局

王村镇地势较为平坦，结合现状路网结构，规划采用方格网形式的路网结构，根据镇区发展方向，形成“一镇两片区，三轴两组团”的空间结构形式，即：

一镇两片区：北部生态宜居片区（王村镇区）和南部通航产业片区；

三轴：以沿黄快速路、樱花大道和汝南路为城镇发展轴；

两组团：北部樱花小镇为主的生态旅游组团和南部镇区生活宜居组团。

至规划期末（2035年），中心镇区规划总建设用地约865.05公顷，规划镇区总人口约8.8万人，人均建设用地98.30平方米。

以居住组团为基本单元，规划镇区居住用地面积333.78公顷，占镇区总建设用地的38.59%，人均居住用地37.93平方米。

公共设施用地中规划行政办公用地4.52公顷，占城镇建设用地的0.52%，人均用地面积 0.51 平方米。文化设施用地 9.40 公顷，占镇区建设用地的 1.09%，人均用地面积 1.07 平方米。教育科研用地 31.21 公顷，占镇区建设用地的 3.61%，人均用地 3.55 平方米。体育用地 6.23 公顷，占镇区建设用地的 0.72%，人均建设用地 0.71 平方米。医疗卫生用地 535 公顷，占镇区建设用地的 0.62%，人均用地 0.61 平方米。社会福利用地 8.16 公顷，占镇区建设用地的 0.94%，人均建设用地 0.93 平方米。文物古迹用地 1.32 公顷，占镇区建设用地的 0.15%，人均用地面积 0.15 平方米。

规划商业服务业设施用地 110.05 公顷，占镇区建设用地的 12.72%，人均用地面积 12.51 平方米。

规划道路与交通设施用地，共计 165.73 公顷，占镇区建设用地的 19.16%，人均用地面积 18.83 平方米。其中交通枢纽用地 2.32 公顷，占镇区建设用地的 0.27%，人均用地面积 0.26 平方米。交通场站用地 10.70 公顷，占镇区建设用地的 1.24%，人均用地面积 1.22 平方米。城市道路用地 152.72 公顷，占镇区建设用地的 17.65%，人均用地面积 17.35 平方米。

规划公用设施用地 6.43 公顷，占镇区用地的 0.74%，人均用地 0.73 平方米。其中：供应设施用地 3.93 公顷，占镇区建设用地的 0.45%，人均用地面积 0.45 平方米。环境设施用地 1.85 公顷，占镇区建设用地的 0.21%，人均用地面积 0.21 平方米。安全设施用地 0.65 公顷，占镇区建设用地的 0.08%，人均用地面积 0.07 平方米。

规划绿地与广场用地 182.87 公顷，占镇区建设用地的 21.14%，人均用地面积 20.78 平方米，其中公园绿地面积 93.04 公顷，占镇区建设用地的 10.76%，人均用地 10.57 平方米；防护绿地面积 87.76 公顷，占镇区建设用地的 10.15%，人均用地 9.97 平方米；三处广场用地 2.06 公顷，占镇区建设用地的 0.24%，人均用地 0.23 平方米。

美丽乡村建设

司村村 2020 年度荥阳市人居环境整治示范村，2021 年被确定为郑州市美丽乡村精品村。司村村美丽乡村建设项目规划重点发展现代农业和乡村旅游业。现代农业布局分为三个分区：现代农业示范区（包括农业观光、传统农耕体验、农业采摘、乡愁体验、特色农家乐、休闲垂钓、户外烧烤、果蔬种植、果蔬采摘）、休闲果林体验区、特色养殖观光区。乡村旅游业发展布局：孤柏渡飞黄旅游区、黄河塬、观黄酒店、盛唐民宿体验区、实景剧场区、垂钓休闲区、采摘观光区、农家生活区、农业观光区、动物观光区。

王村镇南部通航产业片区　周建功 摄

樱花小镇　周建功 摄

司村村美丽乡村建设之一　石保定 摄

司村村美丽乡村建设之二 石保定 摄

薛村村 2020年度荥阳市人居环境整治示范村，2021年被确定为郑州市美丽乡村精品村。薛村村美丽乡村建设项目规划建设草庙组团、皮王组团、李村组团，完善基础设施。草庙组团包括文化展示（南水北调文化、特色文化展览馆）、旅游服务、公共服务、公共

薛村村美丽乡村建设 王村镇人民政府 供图

服务中心、创意梦工厂；皮王组团包括老年活动中心、乡村书社、艺术墙绘；李村组团包括老宅博物馆、传统民宿、建筑手工坊等。项目基础设施建设包括道路交通、道路美化及标识系统、公共服务设施、市政基础设施等。

道　路

G30（连霍高速） 王村段全长 12.13 千米，自东向西经柏朵村、仁里村、后新庄村、蒋头村、留村村、新店村、前白杨村、韩村村等 8 个行政村，在韩村村设有上街站口。设计时速 70~120 千米 / 小时，双向八车道。

S312（沿黄快速通道） 王村段全长 11.36 千米，自东向西经丁村村、木楼村、房罗村、王村村、后殿村、司村村、薛村村等 7 个行政村。设计时速 60 千米 / 小时，双向六车道。

S236（石化路） 王村段全长 3.6 千米，自北向南经前白杨村、韩村村 2 个行政村。设计时速 60 千米 / 小时，双向四车道。

韩村村连霍高速下站口 周建功 摄

韩村村樱花大道　周建功 摄

王村镇乡道一览表

序号	路线编码	行政等级	路线名称	路线简称	长度（千米）
1	Y014	乡道	房罗社区—留村	房留线	3.355
2	Y016	乡道	黄河滩—仁里	黄仁线	12.384
3	Y019	乡道	木楼—薛村	木薛线	5.063
4	Y020	乡道	上街区与荥阳市交界—沿黄快速路	上沿线	16.483
5	Y021	乡道	梁庄村—曹寨	梁曹线	4.489
6	Y023	乡道	蒋头南—前白杨村	蒋前线	4.524
7	Y062	乡道	黄河滩—后白杨村南	黄后线	4.829
8	Y085	乡道	蒋头—前白杨村	蒋前线	4.379
9	Y132	乡道	大路沟—薛村	大薛线	1.506
10	Y134	乡道	桑园—马鞍桥	桑马线	5.901
11	Y140	乡道	沿黄快速路—黄河滩	沿黄线	7.439
12	Y156	乡道	孤柏嘴—后白杨村东	孤后线	5.667
合计					76.019

桥 梁

镇域内桥梁主要是11座跨南水北调干渠桥梁，主要分布在薛村村、前白杨村、新店村、留村村、梁庄村、蒋头村、仁里村、柏朵村。

王村至新店生产桥 荷载等级公路二级，长97.08米，宽4.7米，限速推荐值10千米/小时。

河沟北跨渠桥 荷载等级公路二级，长156.08米，宽7.5米，限速推荐值20千米/小时。

前白杨生产桥 荷载等级公路二级，长157.08米，宽4.7米，限速推荐值10千米/小时。

石化路跨渠桥 荷载等级公路二级，长227.15米，宽12米，限速推荐值40千米/小时。

仁里村北跨渠公路桥 荷载等级公路一级，长450米，宽15.2米，限速推荐值60千米/小时。

仁里村东北跨渠生产桥 荷载等级公路二级，长280.11米，宽4.7米，限速推荐值10千米/小时。

后新庄北跨渠生产桥 荷载等级公路二级，长232米，宽4.7米，限速推荐值10千米/小时。

蒋头村南跨渠公路桥 荷载等级公路一级，长286.07米，宽17.5米，限速推荐值60千米/小时。

蒋头村南水北调干渠 姜增杰 摄

仁里村跨南水北调大桥　周建功 摄

大菜园北跨渠生产桥　荷载等级公路二级，长 302.97 米，宽 4.7 米，限速推荐值 10 千米 / 小时。

蒋头村西南跨渠公路桥　荷载等级公路一级，长 390 米，宽 17.5 米，限速推荐值 60 千米 / 小时。

蒋头村东南跨渠公路桥　荷载等级 1.3 倍公路一级，长 278 米，A 幅桥宽 20.25 米，B 幅桥宽 26 米，限速推荐值 120 千米 / 小时。

公共交通

1983 年，王村乡开通有王村—郑州客运车，每日 4 班。

截至 2000 年年底，王村镇开通有王村村、木楼村、丁村村、薛村村、梁庄村、前新庄村、司村村到郑州的 7 条客运线路。

2005 年，荥阳市“村村通班车”工程启动，开通荥阳—王村班车。

2007 年，开通上街 403 公交线路（郑州铁路技师学院—薛村村南水北调桥）。

2014 年，开通上街 405 公交线路（峡窝柏庙社区—王村村）。

2018 年，开通旅游公交线路（荥阳中心汽车站—孤柏渡）。

孤柏渡旅游线路公交　石保定 摄

2019 年 10 月，开通荥阳火车站—马沟公交线，途经西大村村、仁里村、柏朵村、段坊村、丁村村。

2019 年 12 月，开通 406 公交专线（上街—留村村）。

2020 年，开通荥阳中心汽车站—后殿村公交线。

水利建设

李村提灌站　位于薛村村。1957 年 12 月启动建设，1961 年 6 月竣工，属中型提引黄河水灌溉工程。工程配有专用 35 千伏变电站 1 处，提水机泵 9 组，其中提水扬程 50 米的 4 组，40 米的 4 组，25 米的 1 组，容量 3260 千瓦，提水能力 4 立方米 / 秒。设计灌溉面积 6 万亩，正常年份灌溉 4.5 万亩。主要灌溉王村、汜水、高村三个乡镇的部分土地。设南、北、西干渠 3 条，长 40 千米。支、斗渠 346 条，长 134 千米，大小建筑物 1530 座。1983 年 5 月更名为“荥阳县李村电力提灌管理处”。

2009 年，投入资金 1669 万元更新改造李村泵站设备，工程将原有的老旧泵站、出水管路全部拆除重建，泵站机电设备全部改造为自动化。改造后取水口门闸底板高程 97.0

李村提灌站 石保定 摄

米，泵站前池底板高程为 97.2 米。渠首提灌站总装机 8 组，总装机容量 3400 千瓦；其中南干渠装机 4 组，扬程为 40 米，北干渠装机 4 组，扬程为 50 米。2017 年，投入资金 1400 万元，对灌区进行节水配套改造。改造后，泵站 3 座蓄水池共占地 27.5 亩，蓄水量 4.2 万立方米。

供 水

王村镇中心水厂建于 2010 年，位于王村镇镇区东北部，占地 1000 平方米，建筑面积 200 平方米，水池容积 300 立方米，日供水 300 立方米。水厂供水覆盖镇直单位、王村大街住户、房罗安置社区。截至 2020 年年底，王村镇安全饮水工程配套机井 32 眼，农村安全饮水工程实现全覆盖。

供 电

1960 年，架设变压线路 9 千米，低压线路 16 千米。

1962 年，架设变压线路 18 千米，低压线路增加至 48 千米，西部部分村实现通电。

1963 年，线路架设至西大村村，东部的部分村实现通电。

1967 年，设立王村农电管理站。

1973 年，建成李村变电站，容量 3200 千伏，专为李村提灌站供电。全公社变压线路 26 千米，低压线路 65 千米，配电变压器 29 台，王村人民公社全部通电。

1985 年，10 千伏高压线路已达 127 千米，低压线路 212 千米，变压器达 77 台，总用电量 613 万度。

1992 年，在新店村东建成一座 35 千伏变电站。

1997 年，新店变电站扩容增压至 110 千伏。

1998 年，农村电网改造开始，到 2001 年结束。

2004 年，在薛村村新建一座 35 千伏变电站。

新店村变电站 陈重孚 摄

薛村村变电站 石保定 摄

供 气

2018年，王村镇引入荥阳市燃气公司气源，至2020年12月，供气管网建设总长51.34公里，实现天然气服务全覆盖。

排 水

截至2020年年底，王村镇有污水处理站40个，污水主管网总长24134米，支管网总长162488米，日处理生活污水4375吨。

后新庄村天然气入户　石保定 摄

王村镇农村污水处理设施情况调查表（2020年）

序号	行政村或社区名	户数	人口数（人）	常住人口（人）	自然村名称	污水处理模式	集中式污水处理设施数（个）	设计处理规模（吨/日）
1	洼子	340	1294	1100		集中式处理	1	50
2	小村	497	1932	1768	小村	集中式处理	1	100
					桑园	集中式处理	1	30
3	许庄	451	1949	1804	许庄	集中式处理	1	80
					河寺	集中式处理	1	40
4	梁庄	216	865	785	梁庄	集中式处理	1	20
					大菜园	集中式处理	1	20
5	前新庄	673	3006	2727	郑庄	集中式处理		
					前新庄村	集中式处理	1	150
					马鞍桥	集中式处理		
6	留村	896	3762	3280		集中式处理	1	210
7	段坊	573	2348	1842		集中式处理	1	100
8	木楼	876	3439	3405		集中式处理	1	310
9	后新庄	424	2480	2410	刘庄	集中式处理	1	130
					后新庄村	集中式处理	1	210

续表

序号	行政村或社区名	户数	人口数（人）	常住人口（人）	自然村名称	污水处理模式	集中式污水处理设施数（个）	设计处理规模（吨/日）
10	西大村	726	3180	2860		集中式处理	1	200
11	新店	369	1435	1189	新店	集中式处理	1	50
					河沟	集中式处理	1	20
12	前白杨	462	1843	1540		集中式处理	1	100
13	蒋头	546	2509	1800		集中式处理	1	75
14	仁里	294	1180	1100		集中式处理	1	50
15	竹园	279	1300	977		集中式处理	1	
16	韩村	984	3911	3294	韩村	集中式处理	1	50
					苌村	集中式处理	1	50
					五里堡	集中式处理	1	30
					胡固村	集中式处理	1	50
					幸福家园	集中式处理		
17	后白杨	348	1370	1170		集中式处理	2	110
18	薛村	1160	4890	4696	草庙	集中式处理	1	210
					皮王村	集中式处理		
					邢村	集中式处理		
					唐村	集中式处理		
					薛村	集中式处理	1	100
					李村	集中式处理		
					王庄	集中式处理	1	40
19	丁村	849	3479	3120	前丁村	集中式处理	1	210
					后丁村	集中式处理	1	130
20	柏朵	717	3002	2600		集中式处理	2	150
21	司村	555	2127	1420	司村	集中式处理	1	50
					满沟	集中式处理	1	20
					鹿坡	集中式处理	1	30
					孤柏嘴	集中式处理		
22	后殿	506	2200	2000		集中式处理	2	150
23	双龙湾社区					集中式处理	1	700
24	新庄社区					集中式处理	1	350
合计		12741	53501	46887			40	4375

绿 化

2000 年以来，坚持植树造林，号召全镇人民积极参与村庄绿化、企业绿化、校园绿化、庭院美化建设。辖区荥王路、石化路、沿黄快速通道全长 26 千米，种植各类花草树木 130 余万株。镇区游园绿地总面积 6700 平方米，辖区内有国家级公益林 3185.7 亩，生态林 5019.6 亩，全镇森林覆盖率达 42.3%。2017 年度被郑州市人力资源和社会保障局、郑州市林业局评为“林业生态市提升工程先进集体”，2018 年度被郑州市林业局评为“黄河湿地保护工作先进单位”。

邙岭森林　石保定 摄

环境卫生

2008 年 12 月，王村镇被河南省爱卫会确定为“省级卫生乡镇”，2013 年、2016 年、2019 年均通过复审，蝉联“省级卫生乡镇”荣誉称号。

2017 年 6 月，以市场化运行模式建立“户投放、村收集、镇转运、市处理”的城乡生活垃圾收运处置体系，配备足够的卫生清洁设施和环卫工人。截至 2020 年年底，全镇有垃圾中转站 8 座，洒水车 3 辆，大型转运车 4 辆，小型机动转运车 11 辆，垃圾转运箱 70 个，环卫工总数 177 人，日处理垃圾 24 吨，基本做到生活垃圾日产日清，生活垃圾无害化处理率达 90% 以上。有公厕 12 座，其中国家级旅游公厕 9 座，镇区粪便无害化处理率达 100%。

王村镇洒水车　石保定 摄

庙王路王村段　石保定 摄

截至2020年年底，王村镇建成省级卫生村11个：房罗村、王村村、后殿村、竹园村、段坊村、前新庄村、后新庄村、西大村、留村村、司村村、新店村，省级健康村1个：西大村，市级卫生村5个：木楼村、前白杨村、许庄村、薛村村、蒋头村。

党建政事

中共荥阳市王村镇委员会

1938年，建立第一个党支部—西大村党支部，先后成立西大村、前大村学校、东大村、后新庄、大菜园、新店、朱砦、卅里铺、蒋头、木楼、房罗、洼子等12个党小组。

1948年1月，成立朱砦支部。

1948年10月，荥汜广县全境解放，薛村、留村、西大村、丁村、新庄村党组织相继恢复。

1951年11月，成立白杨区委。

1956年1月，撤区并乡，成立白杨中心乡党委、上街中心乡党委。

1957年2月，中心乡改设基层乡，成立白杨基层乡党委、上街基层乡党委、木楼基层乡党委。

1958年9月，白杨基层乡党委、上街基层乡党委、木楼基层乡党委撤销，成立白杨人民公社党委。

1963年2月，中共白杨人民公社委员会改为中共王村公社委员会。

1971年，召开中共王村人民公社第一届党员代表大会。

1981年，召开中共王村人民公社第二届党员代表大会。

1983年，中共王村人民公社委员会改为中共王村乡委员会。

1985年，召开中共王村乡第三届党员代表大会。

1989年，召开中共王村乡第四届党员代表大会。

1990年，开展“争先创优”活动。

1991年，开展庆祝建党70周年活动。

1993年，开展“两带一创”（带头致富、带领群众脱贫，争创先进党支部）活动。

20世纪90年代王村镇庆祝建党70周年表彰大会老照片　王村镇人民政府 供图

1994年，召开中共王村乡第五届党员代表大会。

1996年11月，撤乡设镇，成立中共王村镇委员会。

1997年，召开中共王村乡第六届党员代表大会。

2001年，召开中共王村镇第一次党员代表大会。

2001年，组织开展党员学习“三个代表”重要思想活动。

2005年，组织开展以实践“三个代表”重要思想为主要内容的保持共产党员先进性教育活动。

2006年，镇村建立农村党员干部现代远程教育平台。

2006年，召开中共王村镇第二次党员代表大会。

2008年，组织开展学习实践科学发展观活动。

2010年，组织开展“创先争优”（创建先进基层党组织，争做优秀共产党员）活动。

2011年，召开中共王村镇第三次党员代表大会。

2012年，开展“基层组织建设年”活动。

2013年，开展以“学习精神、促作风转变、促科学发展、促民生改善”为主要内容的“一学三促”活动。

2014年，组织开展党的群众路线教育实践活动。

2015年，组织开展“三严三实”（严以修身、严以用权、严以律己，谋事要实、创业要实、做人要实）专题教育活动。

2016年，组织开展“两学一做”（学党章党规、学系列讲话，做合格党员）学习教育。

2016年，召开中共王村镇第四次党员代表大会。

2017年，组织开展“万名党员进党校”活动。

2018年，组织开展学习党的十九大精神活动。

2019年，组织开展“不忘初心、牢记使命”主题教育。

2019年，开展“支部强堡垒党员争先锋”活动。

2019年，开展“亮赛比、创五星”活动。

2020年，开展基层党建重点任务“挂图作战集中攻坚”行动。

2021年，组织开展党史学习教育。3月19日王村镇召开党史学习教育动员会，3月22日开始集中学习和自主学习。内容以《习近平论中国共产党历史》《毛泽东邓小平江泽民胡锦涛关于中国共产党历史论述摘编》《中国共产党简史》《习近平中国特色社会主

后殿村党群服务中心　周建功 摄

后白杨村党群服务中心　周建功 摄

义思想学习问答》为参考。每周一为集中学习时间，周二至周五为自学时间，党政领导要求每周学习不少于 5 篇（次），每月学习不少于 20 篇（次），机关党员每周学习不少于 2 篇（次）。

2021 年，召开中共王村镇第五次党员代表大会。

荥阳市王村镇人民代表大会

1981 年，召开王村公社第三届人民代表大会。人民代表大会三年一届。

1984 年，召开王村乡第四届人民代表大会。

1987 年，召开王村乡第五届人民代表大会。

1990 年，召开王村乡第六届人民代表大会。

1993 年，召开王村乡第七届人民代表大会。

1996 年，召开王村乡第八届人民代表大会。

1999 年，召开王村镇第一届人民代表大会。

2002 年，召开王村镇第二届人民代表大会。之后，人民代表大会由 3 年一届改为 5 年一届。

2007 年，召开王村镇第三届人民代表大会。

2012 年，召开王村镇第四届人民代表大会。

2017 年，召开王村镇第五届人民代表大会。

荥阳市王村镇人民政府

1951 年 11 月，成立白杨区人民政府。

1956 年 1 月，撤区并乡，成立白杨中心乡人民政府、上街中心乡政府。

1957 年 2 月，中心乡改设基层乡，成立白杨基层乡、上街基层乡、木楼基层乡。

1958 年 9 月，基层乡合并，成立白杨人民公社管委会。

1963 年 3 月，白杨人民公社管委会改为王村人民公社管理委员会。

1983 年，王村人民公社管理委员会撤销，成立王村乡人民政府。

1996 年 11 月，撤乡建镇，成立王村镇人民政府。

群团组织

工 会

中华人民共和国成立后，王村相继成立了教育工会、卫生院工会、高中工会，直接受县对口系统工会和县总工会的领导。

1988 年，教育工会在各个学区建立 9 个工会小组，其中中学 5 个，小学 4 个。截至 2000 年，会员有 438 人。

2006 年，郑州市总工会向王村镇工会工作委员会下发工会法人资格证书。工会组织覆盖面逐年扩大，工会管理逐步制度化、标准化和规范化。

截至 2020 年年底，王村镇工会辖村级工会 24 个，企业工会及工会联合会 5 个，会员 6000 人。

共青团

1949 年，建立社会主义青年团组织。

1978 年，王村人民公社有团总支 3 个，团支部 31 个，团员 1573 个。

1983 年，王村乡有团总支 1 个，团支部 38 个，团员 1590 名。

20 世纪 90 年代组织青年团植树造林老照片　王村镇人民政府 供图

20世纪90年代三八节表彰大会老照片　王村镇人民政府 供图

2000年，王村镇设1个团委会，下设28个团支部，2350名共青团员。

2019年，共青团王村镇第一次代表大会召开。

2020年，共青团王村镇委员会下设27个团支部（24个村团支部，王村一中，王村二中各设1个团支部，1个流动团员团支部），共有团员436人。

妇 联

1949年，建立妇联组织。

20世纪60年代，妇联组织开展“比学赶帮超”活动；80年代，组织开展争当“三八红旗手”活动；20世纪90年代，组织开展争当“新长征突击手”活动等。2000年，河南省开展“双学双比”“巾帼建功”活动，王村镇荣获“荥阳市巾帼科技致富示范镇”称号。

2002年，王村镇妇女联合会第一次代表大会召开。截至2020年年底，王村镇妇联下设基层妇联24个。

女子狮舞团老照片　王村镇人民政府 供图

王村镇近年获得部分荣誉称号

序号	时间	荣誉称号	颁奖单位
1	2011	先进基层党组织	郑州市委
2	2011	郑州市第六次全国人口普查先进集体	郑州市第六次全国人口普查办公室
3	2011	河南省平安农机示范乡	河南省农业机械管理局
4	2012	2012 年省级卫生镇	河南省爱国运动委员会
5	2016	2015 年度河南省科普示范乡镇	河南省科学技术协会
6	2017	2016 年度农村改造先进单位	郑州市城乡建设委员会
7	2018	2017 年度林业生态市提升工程先进集体	郑州市人力资源和社会保障局 郑州市林业局
8	2018	郑州市最具发展潜力旅游特色示范镇	郑州市文化广电旅游局
9	2019	2018 年度郑州市文明村镇	中共郑州市委、郑州市人民政府
10	2019	2018 年度黄河湿地保护工作先进单位	郑州市林业局
11	2019	2019 年省级卫生镇	河南省爱国运动委员会
12	2020	2019 年度郑州市村镇建设先进单位	郑州市城乡建设委员会

镇域经济

农 业

进入 21 世纪，王村镇加大农田基础设施建设，截至 2020 年年底，国家农业综合开发项目 3 项：2004 年木楼村 5000 亩，2009 年柏朵村、段坊村 10000 亩，2018 年房罗村、丁村村 10000 亩。河南省农业综合开发项目 1 项：2012 年司村村 4000 亩。郑州市农业综合开发项目 3 项：2010 年西大村 3000 亩，2011 年前新庄村、小村村、留村村、许庄村 10000 亩，2013 年后殿村、薛村村 10000 亩。郑州市新菜田开发项目 2 项：2011 年西大村、后新庄村 5000 亩，2012 年韩村村 5000 亩。2019 年高标准农田建设项目由国家、河南省、郑州市、荥阳市分级投入资金，涉及仁里村、柏朵村、段坊村、木楼村 10000 亩。

种植业

粮食种植 中华人民共和国成立初期，王村以种植小麦、玉米、谷子为主，兼种棉花、油料，但产量较低。改革开放以来，大力发展农田水利基本建设，农业技术不断提升，粮食产量逐年增加。

1985 年，王村镇粮食总产量 3894 吨。

1986 年，王村镇粮食总产量 3378 吨。

1996 年，王村镇粮食总产量 23206 吨。

1997 年，王村镇粮食总产量 23252 吨。

1998 年，王村镇粮食总产量 26358 吨。

1999 年，王村镇粮食总产量 27946 吨。

2000 年，王村镇粮食总产量 26427 吨。

2001 年，王村镇粮食总产量 28441 吨。

2002 年，王村镇粮食总产量 30452 吨。

2003 年，王村镇粮食总产量 28917 吨。

2004 年，王村镇粮食总产量 33655 吨。

2005 年，王村镇粮食总产量 38113 吨。

2006 年，王村镇粮食总产量 38712 吨。

2007 年，王村镇粮食总产量 43291 吨。

2008 年，王村镇粮食总产量 47385 吨。

2009 年，王村镇粮食总产量 42330 吨。

2010 年，王村镇粮食总产量 41798 吨。

2011 年，王村镇粮食总产量 50461 吨。

2012 年，王村镇粮食总产量 52852 吨。

2013 年，王村镇粮食总产量 52943 吨。

2014 年，王村镇粮食总产量 51716 吨。

2015 年，王村镇粮食总产量 52228 吨。

小麦　石保定 摄

黄河滩稻田　薛红建 摄

2016 年，王村镇粮食总产量 51716 吨。

2017 年，王村镇粮食总产量 49383 吨。

2018 年，王村镇粮食总产量 49769 吨。

2019 年，王村镇粮食总产量 46945 吨。

蔬菜生产 中华人民共和国成立初期，多种植白菜、萝卜、冬瓜、南瓜等露地菜。改革开放以来，随着设施农业的推广，蔬菜种植面积不断扩大。1997 年，农业结构调整步伐加快，反季节蔬菜种植逐步连片化、规模化。

2000 年，蔬菜产量 38918 吨。

2001 年，蔬菜产量 41740 吨。

2002 年，蔬菜产量 39057 吨。

2003 年，蔬菜产量 41097 吨。

2004 年，蔬菜产量 42354 吨。

2005 年，蔬菜产量 41828 吨。

2006 年，蔬菜产量 42402 吨。

2007 年，蔬菜产量 41633 吨。

2008 年，蔬菜产量 54415 吨。

2009 年，蔬菜产量 49635 吨。

2010 年，蔬菜产量 49672 吨。

2011 年，蔬菜产量 42305 吨。

2012 年，蔬菜产量 37934 吨。

2013 年，蔬菜产量 41199 吨。

2014 年，蔬菜产量 51227 吨。

2015 年，蔬菜产量 51227 吨。

2016 年，蔬菜产量 51227 吨。

2017 年，蔬菜产量 49942 吨。

2018 年，蔬菜产量 55005 吨。

2019 年，蔬菜产量 26833 吨。

郑州市 2013 年荥阳 3 万亩新菜田项目 主要涉及丁村、木楼、房罗、王村、洼子、梁庄、蒋头、后白杨、前白杨、新店、留村、许庄、前新庄、小村共 14 个行政村。项目新打机

许庄村蔬菜大棚 王红斌 摄

露地蔬菜 王红斌 摄

井94眼，新修道路24760米。露地蔬菜面积2万亩、设施蔬菜面积1万亩（大棚8000亩、日光温室2000亩）。种植主要品种有黄瓜、番茄、辣椒、西葫芦、芹菜、茄子、生菜等20多种蔬菜，年产蔬菜4.5万吨。蔬菜生产企业2家，加工型企业1家，蔬菜专业合作社2家；2个“绿色食品”生产基地，认证产品3个；2个无公害蔬菜基地，认证产品5个。

林果业

1992年以前，王村镇农户多种植柿树、枣树、梨树、苹果树、桃树、李子树、杏树等。1992年，引进葡萄种植，截至2000年建成葡萄园180亩。进入21世纪，王村镇发展特色林果业，林果种植面积和产量不断扩大，无花果、富硒梨、葡萄等形成规模化种植。

1999年，林果产量427吨。

2000年，林果产量531吨。

2001年，林果产量545吨。

2002年，林果产量617吨。

2003年，林果产量836吨。

2004年，林果产量1190吨。

2005年，林果产量1107吨。

2006年，林果产量1331吨。

2007年，林果产量1723吨。

2008年，林果产量1847吨。

2009年，林果产量2025吨。

2010年，林果产量1720吨。

2011年，林果产量2273吨。

2012年，林果产量2278吨。

2013年，林果产量3043吨。

2014年，林果产量2943吨。

2015年，林果产量4640吨。

2016年，林果产量6976吨。

2017年，林果产量8360吨。

王村村无花果种植　周建功 摄

竹园村葡萄种植　周建功 摄

2018 年，林果产量 8166 吨。

2019 年，林果产量 10494 吨。

段坊村富硒梨种植面积 200 余亩，竹园村葡萄种植面积 85 亩。富硒梨富含多种微量元素，具有个大、核小等特点，口感好，深受广大消费者青睐。竹园村葡萄品种包括黑巴拉多、阳光玫瑰、玫瑰香、巨玫瑰、夏黑等，品种多，有较高的营养价值。

郑州市汇川农业科技有限公司　位于王村村，是无花果生产基地，种植面积 1045.176 亩。种植的无花果品种有：法国布兰瑞克、美国波姬红、美国金奥芬、威海青皮。在无花果种植过程中，公司采用精细化、标准化管理，施用粪肥等有机肥、使用机械及养鹅除草

段坊村富硒梨种植　石保定 摄

等措施，不打农药。公司主要产品有无花果鲜果、无花果果干、无花果酒、无花果醋、无花果酵素等。建有标准车间 3000 平方米，50 型 FD 冻干生产线 1 条、VF 真空低温油炸生产线 2 条、低温干燥生产线 1 条。

养殖业

王村镇养殖业涉及养牛、养猪、养鸡、养鹅、养羊等。家畜饲养户 72 户：奶牛饲养户 11 户，存栏 1250 头；生猪饲养户 36 户，存栏 12 万头；肉牛饲养户 4 户，存栏 150 头；肉羊饲养户 21 户，存栏 4200 只。家禽饲养户 81 户：养鸡户 61 户，存栏 50 万只；养鹅户 20 户，存栏 3 万只。2020 年，畜牧业总产值达 1.8257 亿元。

郑州三泰农牧科技有限公司　位于房罗村，2014 年建场，猪场占地 16.30 万平方米，总建筑面积 5.60 万平方米。注册资本 3000 万元，生猪年出栏 10 万头，存栏 5 万头。公司集集约化商品猪场、无害化处理、生物肥生产与利用、生态观光农业园经营为一体，被河南省人民政府授于“河南省农业产业化经营重点龙头企业”。

房罗村郑州三泰农牧科技有限公司　陈重孚 摄

工　业

中华人民共和国成立以前，以手工业家庭作坊为主，有木楼、白杨的糕点，蒋头、洼子的编织，前新庄的缠筋杈，许庄的炮房，北部地区织布织棉，段坊的织绸等。

中华人民共和国成立后，对农业、手工业、私人资本主义工商业进行社会主义改造，个体手工业户组成手工业合作社，部分手工业户过渡到集体企业。

20世纪60年代社办企业兴起，1966年11月建成水泥厂，1968年建成机制砖瓦厂，1979年5月面粉厂建成投产，1980年冰糕厂建成投产，1980年10月针织厂正式投产，1981年6月压延厂建成试投产，1982年氟化盐厂建成试投产。

1984年，乡镇企业发展提速，企业总数330个，个体经营户476户，乡镇企业收入900余万元，个体工业收入288万元。

1985年，总产值50万元以上的乡镇企业10家，乡镇企业发展步入快车道。截至2000年年底，企业总数588家，年销售收入在500万元以上的规模企业10家。全镇企业总产值达14亿元，纳税达1200万元，固定资产达4.2亿元。

20 世纪 80 年代王村人民公社针织厂老照片　王村镇人民政府 供图

2009 年，完成财政收入 3125 万元，GDP 30.8 亿元，主要工业增加值 1.98 亿元，固定资产投资 14.7 亿元，郑州市以外招商引资 1.2 亿元。

2012 年，完成财政收入 1431 万元，GDP 34.14 亿元，规模以上工业增加值 2.57 亿元，固定资产投资 17.93 亿元。

2013 年，完成财政收入 1724 万元，GDP 4.5 亿元，规模以上工业增加值 38 亿元，固定资产投资 28 亿元，引进域外资金 2.8 亿元。

2014 年，完成财政收入 1950 万元，GDP 50.05 亿元，规模以上工业增加值 34.04 亿元，固定资产投资 29.1 亿元，引进域外资金 2.96 亿元。

2015 年，完成财政收入 2167 万元，GDP 50 亿元，规模以上工业增加值 36.75 亿元，固定资产投资 27.52 亿元，引进域外资金 3 亿元。

2016 年，完成财政收入 2298 万元，GDP 49.7 亿元，规模以上工业增加值 37.3 亿元，固定资产投资 28.8 亿元，引进域外资金 3.6 亿元。

2017 年，完成财政收入 2134 万元，GDP 46.73 亿元，规模以上工业增加值 29.48 亿元，固定资产投资 22.1 亿元，引进域外资金完成 4.2 亿元。

20 世纪 80 年代王村乡纸盒加工个体经营户老照片　王村镇人民政府 供图

2018 年，完成财政收入 2650 万元，GDP 35.4 亿元，固定资产投资增速 -4.8%，规模以上主要工业增加值增速 -2.7%。

2019 年，完成财政收入 2700 万元。固定资产投资增速 -8.8%，招商引资 4.8 亿元。

2020 年，完成财政收入 2856 万元，GDP 21.98 亿元，规模以上工业增加值增速 33.8%，固定资产投资增速 45.8%。

顺应新时代发展要求，王村镇加快产业结构调整和经济转型步伐，强化制造业在经济发展中的支柱地位和辐射带动作用，围绕做大总量、做优存量、提高质量，全力促进经济发展提质增效。截至 2020 年年底，工业企业 339 家，拥有游乐设备、建筑机械、精细化工、阀门、印刷等多种行业门类，规模以上企业 12 家，主要企业有河南省建发防腐保温科技有限公司、郑州汉峰机电科技有限公司、郑州神龙动漫游艺游乐设备有限公司等。

河南省建发防腐保温科技有限公司　位于韩村村，占地 2.3 万平方米，注册资金 5300 万元。业务范围包括：生产安装节能环保型绝热管道和智能预警性绝热管道，承接国内最大口径节能环保保温管生产以及政府重点民生工程。

郑州汉峰机电科技有限公司 位于后新庄村，占地2.7万平方米，注册资金2000万元。业务范围包括：配套生产空调压缩机分液器、消音器、壳体冲压件等制冷零部件。

郑州神龙动漫游艺游乐设备有限公司 位于王村村，占地3.3万平方米，注册资金500万元。业务范围包括：生产制造安装摩天轮、高空飞翔、神州飞碟等大型游乐设施。

河南江河中起重工有限公司 位于韩村村，占地6万平方米，注册资金6000万元。业务范围包括：生产和租赁单、双梁门吊等各种跨度架桥机。

郑州神龙动漫游乐设备有限公司生产的游乐设备 王村镇人民政府 供图

河南江河中起重工有限公司 周建功 摄

旅游业

古柏渡飞黄旅游区 位于薛村村、司村村，2012年5月启动建设，2013年6月建成开园，2014年12月被全国旅游景区质量等级评定委员会评定为国家AAAA级景区。景区毗邻黄河，主要景点：亚洲落差最大、滑道最长的滑沙场、滑草场、十里金沙滩、十里阳光樱花大道等。

丰乐樱花园旅游风景区 位于薛村村，2015年10月建成，2016年2月开园，种植80多个品种120000株珍稀名贵樱花，2016年11月被全国旅游景区质量等级评定委员会评定为国家AAAA级景区。2018年园区内建成河南古柏渡南水北调穿黄博物馆。从2016年至2020年，举办五届“河南・郑州・荥阳黄河樱花节”。

黄河塬休闲旅游区 位于司村村，2013年11月开始建设，原名为孤柏渡黄河塬休闲旅游区，2019年更名为黄河塬休闲旅游区于5月1日开园。主要景点有“陌上花开风情园”、500米长玻璃滑道、森林迷宫、农家萌宠动物园、彩虹滑道、林下儿童乐园、黄河高空漂流、梦幻魔宫、黄河云梯、缓归亭、黄河落日观景台等。2018年被郑州市旅游局认定为四星级乡村旅游经营单位。

黄河影视文化产业园 位于后殿村，由河南电影电视制作集团有限公司投资，注册资金1000万元。一期项目包括：奥斯卡老龙窝汽车主题影院、中原国际科普科幻影视创客中心、国防教育与影视研学实践教育培训中心。该项目是荥阳市重点建设项目。

丰乐樱花园旅游风景区 石保定 摄

黄河塬休闲旅游区　周建功 摄

黄河影视文化产业园　周建功 摄

特色文化

LOCAL RECORDS OF WANGCUN

苌家拳

清乾隆年间，苌乃周集众家之长，熔铸一炉而创立的苌家拳，是中原腹地著名拳派，被誉为河南三大拳派之一。苌家拳博大精深，体用兼备，具有极高的技击养生价值，是中华民族的文化瑰宝。

苌家拳的发源地在河南省荥阳市王村镇，这里地处中原腹地，南连嵩少，北据大河，东控齐鲁，西接两京，自古为兵家必争之地。由于其特殊的地理位置，战争于此为锯，当地人民为保家计，尚武之风素盛，涌现了众多擅长武艺的名家。明代有虎牢张八，武功神奇，时称“神手”。清初之“禹家枪”，枪法精妙，名闻遐迩。苌家拳由此发轫。

苌乃周，字洛臣，号纯诚，又号种竹翁、明心堂山人、爱花主人等。岁贡生。因行三，人称“苌三先生”。又以其文士而好武，称为“儒拳师”。清雍正二年（1724年）生于原汜水县苌家村（今荥阳市王村镇苌村，后迁居今荥阳市王村镇后新庄村），卒年不详。苌乃周生于世代书香之家，自幼受到良好的家庭教育。成童嗜武，素有胆略，大宗伯庄方耕督学豫省，校试两河，尝言得三佳士，其一为“汜水苌洛臣之勇略。”（李元沪《钱南淳先生墓志铭》）二十岁时即以生员身份参与《汜水县志》之编修。复潜心《周易》，研究阴阳起伏之理，这为他日后创门立派奠定了坚实的文化基础。

苌乃周成童即嗜武，初学于禹让。（柴卓如《儒拳师苌三》）他虽未能直接师从张八，但初学于精张八武技的禹让，故“尽得张八之术。”（民国《重修汜水县志》），所以说苌乃周是汜水武术的传承者。后经洛阳阎圣道之指点，又得四川梁道传授棒法，复从湖北王氏习剑道。另外，苌乃周与拳友汜水人禹盛鸣、禹鸿起日月刮磨。还与幕友南阳人王守一切磋武功，共同创编《三十六枪谱》《双剑谱》，共同校订《张公蛇矛谱》。

苌乃周谦逊好学，兼习各家，勤奋搜求，将毕生所学融会贯通，斟酌去取，更上层楼，独树一帜，创立苌家拳派于世。

苌家拳内外双修，形气合一，刚柔相济，攻防一体。苌家拳一势有一势之阴阳，势势有势势之阴阳。阴阳相生，动静互根。势无三点不落，气无三催不尽。杀势审其

张公蛇矛谱

变化、救势详其周密。外形要求：头如蜻蜓点水，拳似山羊抵头，腰如鸡鸣卷尾，脚似紫燕穿林。

苌乃周既著名，四海英杰联袂来访，“乃周与角艺，愈出愈奇，罔有能胜之者。”古代文献记载其武功故事甚多，如脚踏石断，气贯金石，墙上挂画，指穿牛头，缩身如小儿，伸掌如簸箕等等，神乎其神。因其才兼文武，故两任河南巡抚聘其为部院教习，其武功故事见于《重修汜水县志》《中州先哲传》等典籍中。

苌乃周还将习武心得加以整理，著书立说。《中气论说》内容丰富，其中有层次理论、中气理论、技击理论等，主要篇目有中气论、养气论、正气论、过气论、点气论、行气论等。

功法理论为苌家拳中的文炼之法，其主要内容有：呼吸图、养气说、炼气论等。

苌乃周新创及修订的主要拳法套路有：上二十四势拳、中二十四势拳、下二十四势拳、猿猴拳、孙大圣二十七势拳、二十四大势拳、字拳（正势、偏势、变势）、大罗汉拳（老式）、黑虎拳（老式）、炮拳（老式）等。在以上拳路中，上、中、下二十四势、猿猴拳、二十四大势、字拳（正式、偏势、变势）构成了苌氏拳法之核心内容。

上二十四势拳谱

中二十四势拳谱

字拳谱

苌氏棒谱棒法要求三尖照到，老少随合，刚柔相济，阴阳相生，忽大忽小，忽长忽短，内气外形，贯通合一，棒中有枪，枪中有棒。主要有降、崩、扎、打、劈、撩、云、扫、勾、挂等技法。主要套路有：二十四势猿猴棒、七十二棒、行者棒、猿猴对棒等。

苌氏剑谱剑法套路有：纯阳十二剑、双剑名目、双剑谱、单剑对枪、双剑对枪等。

苌氏刀谱刀法套路有：青龙偃月二十四势、青龙偃月四十八势。

苌氏枪谱枪法继承明末虎牢张八和清初禹氏的枪法而又有发展创新。枪法以抽卷、

七十二棒谱

双剑谱

粘随、进退、起伏、提擢、崩打、摁按、挑撩、扛靠、顿领、勾挂、搂翻、掇托、勒压等为主要技法。要求身械合一，疏而不漏，既善于变化，又从容不迫。主张枪中有棒，枪棒互用。讲究先发制人，后发先到，直截了当，往返不空，连绵不绝，一气贯通。苌氏枪法理论丰富，有四大纲领、八大条目、十二变通等。苌氏枪法主要套路有三十六枪、张夫子蛇矛等。

另有镰、鞭、锏、弹等器械。

以上拳械谱大多有谱有图，图文并茂，文字典雅。

苌家拳派“出以示人，绝无私己不传之习”。（陈泮岭《苌家拳之源流考》）故“当时薪火，几遍海内”。（荆文甫《苌二、四先生教思碑》）其弟子之著名者如柴如贵、高

三十六枪谱

双剑对枪谱

六庚、赵金川、李法文、秦承宗、唐青莲等皆为异姓，苌家拳与只传内不传外，秘而不传之拳派不同。然而苌家拳也不是来者不拒，一概滥传。苌家拳有“三不传”，即“非其人不传，非其时不传，非其地不传。”“宁可失传，绝不滥传。”要求择人而授，授必择人，武德方面的要求甚多。

家居传道，桃李满门，人精一艺，皆臻神妙。其徒柴如桂之拳，高六庚之枪，当时俱号“无敌”。其他如李法文、赵金川、秦承宗、唐青莲、陶老九、张玉琳、陈天眷、王国祥、李根图、和儒贤、傅小德、韩八、崔丙午、陈士林等徒，皆功夫纯精，名重当时。

在苌氏家族内，苌乃周第三子苌其渊枪捶精妙，著有新式枪、拳、棒谱传世。侄苌玉成，曾孙苌连登皆为圣手宗师。苌克俭、苌克俊武艺过人，曾夜战捻军，以卫桑梓。七世孙苌新法传授生徒，成就斐然。

在苌家拳再传弟子中，袁宇华曾任镇嵩军武术教官，并将苌氏著述（部分）刊印行世。赵传义曾任河南国术馆教练。他如崔云生、朱国安、卢士选、黄勋、楚同稳、崔石山、张会同、席礼训、杨生华、贾芳德、张儒林、李西法等，皆为苌家拳传人中之杰出者。

苌家拳历经近三百年，传已九代，名手辈出，除荥阳、巩义、新密、郑州、开封、安阳、新郑、中牟等地外，山西、陕西、福建、山东、香港、台湾等地也有苌家拳传人，美国、英国、波兰、法国、韩国等国家也有苌家拳流传。

2005 年，苌家拳被国务院公布为第二批国家级非物质文化遗产。

荥阳狮舞

荥阳狮舞，历史悠久。相传，唐初秦王李世民以少胜多，于武（虎）牢大破夏王窦建德，并于牛口峪生擒窦建德。唐兵为庆祝胜利，遂创作《秦王破阵乐》，《秦王破阵乐》的鼓乐和庆祝的舞蹈，多来自军阵的战斗场面。这一鼓乐与表演，即为荥阳地区所流传之鼓乐与狮舞雏形。自清朝乾隆以来，狮舞加入了苌氏武术的动作，使“打狮子”更加生动和逼真，是北方舞狮子的代表。特别是蒋头狮舞采用狮舞和武打为一体的手法，狮舞演员掂、扎、滚、爬，栩栩如生，武打者挥刀舞棒风雨不透，得心应手。二者配合默契，活灵活现。尤其是高空表演（钢索“上老杆”、高台）惊险迭出，扣人心弦。

蒋头狮舞除了狮子表演和人狮对打表演外，鼓乐也是其中的重要组成部分，现流传有鼓谱数十套，地摊、高摊、行进时之鼓乐皆有定式。这一打击交响乐，更烘托了狮舞的震

蒋头狮舞　王村镇人民政府 供图

蒋头狮舞精彩演出之一　映象网 供图

蒋头狮舞精彩演出之二　映象网 供图

蒋头狮舞精彩演出之三　映象网 供图

憾，体现了其中的文化内涵。2008 年，荥阳狮舞被郑州市人民政府公布为第一批郑州市非物质文化遗产。

木楼舞龙

古时木楼村民在逢年过节或大旱之时到龙王庙烧香祈求天降甘露，后来有人开始身穿彩衣自制龙样舞动祈求上天保佑风调雨顺。木楼舞龙以“双龙”表演为主要形式，每条龙由 9 人组成，舞龙者身穿黄色龙衣（衣服上绣有金龙），有鼓、镲、铙、锣等乐器助威。表演除 8 字舞龙、游龙、穿腾、翻滚等基本动作外，增加龙与绣球的互动，将龙在舞动中的扭、俯、仰、跳、摇、摆等多种优美姿势融为一体，使舞龙更加出神入画。木楼村的舞龙队从 80 年代初恢复至今，表演地点从木楼村扩展至周边高村、汜水、高山等乡镇和上街区、巩义、荥阳市区。2018 年，木楼舞龙被荥阳市人民政府公布为第三批荥阳市非物质文化遗产。

木楼舞龙精彩表演之一　石保定 摄

木楼舞龙精彩表演之二　石保定 摄

南水北调穿黄工程

LOCAL RECORDS OF WANGCUN

穿黄工程是南水北调中线总干渠穿越黄河的关键性工程，主要任务是安全有效地将中线调水从黄河南岸输送到黄河北岸。工程位于黄河南岸的荥阳市王村镇和北岸的温县赵堡镇，总长 19.305 千米，工程核心主体包括穿黄隧洞在王村镇境内；工程等别为Ⅰ等，主要建筑物级别为 1 级；设计流量 265 立方米 / 秒，加大流量 320 立方米 / 秒；起点设计水位 118 米，终点设计水位 108 米。

穿黄工程输水渠线主要由南岸连接明渠、进口建筑物、穿黄隧洞、出口建筑物、北岸河滩明渠、北岸连接明渠、新蟒河渠道倒虹吸等组成，其中渠道长 13.95 千米，建筑物长 5.355 千米。另有退水洞工程、孤柏嘴控导工程和北岸防护堤工程。各类建筑物共 23 座，其中河渠交叉建筑物 3 座、渠渠交叉建筑物 2 座、左排建筑物 1 座、退水闸 1 座、节制闸 2 座、跨渠桥梁 14 座。

穿黄隧洞长 4.25 千米，双洞平行布置，轴线间Ⅱ距 28 米，隧洞内径 7.0 米，采用双层衬砌结构，外衬为 40 厘米厚预制钢筋混凝土管片，内衬为 45 厘米厚现浇环向预应力钢筋混凝土，内、外衬砌由排水弹性垫层相隔。隧洞开挖采用泥水加压平衡式盾构机掘进施工。

穿黄工程主要施工标段有：Ⅰ标，负责南岸连接明渠、进口建筑物、退水洞等；Ⅱ A 标，负责穿黄隧洞上游线、隧洞出口建筑物等；Ⅱ B 标，负责穿黄隧洞下游线；Ⅲ标，负责北岸河滩明渠、北岸连接明渠、新蟒河倒虹吸等；Ⅳ标，负责孤柏嘴控导工程；Ⅴ标，负责安全监测仪器及设施安装埋设。

2005 年 9 月 27 日 10 时，南水北调中线穿黄工程举行开工仪式。

2007 年 7 月 8 日，南水北调中线穿黄隧洞开挖。

2010 年 9 月 27 日，南水北调中线穿黄隧洞挖掘工程全线贯通。

2012 年 12 月 30 日，南水北调中线穿黄隧洞内衬混凝土浇筑全部完成。

2014 年 9 月，穿黄工程上游线隧洞充水水位达到设计要求，南水北调中线穿黄工程隧洞充水试验成功。

2014 年 12 月 16 日，南水北调中线穿黄隧洞通水成功。

2017 年 12 月穿黄工程被教育部批准为第一批全国中小学生研学实践教育基地，2021 年 4 月穿黄工程被列为全国爱国主教育基地。

南水北调王村段　石保定 摄

南水北调王村段建设之一　石保定 摄

南水北调王村段建设之二　石保定 摄

南水北调王村段建设之三　石保定 摄

南水北调王村段建设之四　石保定 摄

南水北调王村段建设之五　石保定 摄

南水北调王村段建设之六　石保定 摄

南水北调王村段建设之七　石保定 摄

南水北调穿黄隧洞入口　石保定 摄

南水北调穿黄隧洞贯通仪式　薛红建 摄

穿黄工程每年接待社会各界人士，来访人员有英国专家、荷兰水利专家、老挝自然资源部一行、一带一路亚洲国际合作论坛各国专家等国外友人，国内有北京、天津、山东、江苏、新疆、内蒙古、宁夏、河北、广东、江西、湖北、海南等各地区机构，包括清华大学、郑州大学、解放军信息工程大学、华北水利水电大学、河南工业大学、河南理工大学、洛阳东升二中、巩义一中等大中小学校，北京市政协、天津市人大、宁夏水利厅、海南省水务厅、河南省政府、河南省水利厅、河南省应急厅、河南省军区、河南省政协、郑州市武装部、郑州市环保局等单位。2020 年外部人员来访接待 138 批次，单日接待最高达 6 次。

文物胜迹

聚落遗址

满沟遗址

满沟遗址位于王村镇司村行政村满沟自然村北约 700 米的台地上。平面呈不规则形，南北长 400 米，东西宽 150~200 米，面积近 7 万平方米。地理坐标为北纬 34°53′，东经 113°14′。

满沟遗址，地处广武山顶上，周围属丘陵地貌，北高南低，呈阶梯状分布，北临崖壁，与黄河相望，西部及东南有浅沟。文化遗存较为丰富，在地表及断崖处发现有大量陶片及少量碎骨，陶片有夹砂和泥质两种，陶色主要为红、黑和灰色，器表以素面为主，部分有弦纹、附加堆纹和彩陶，可辨器型有盆、缸、尖底瓶和罐等。在距地表 0.5~1 米下的断崖或地堰处分布有文化层和灰坑，土质为灰色，较疏松，堆积厚度 0.8~1.2 米，层内夹杂红烧土块及大量陶片。依采集陶器标本判断，满沟遗址主要为仰韶文化遗存。

司村满沟遗址 周建功 摄

薛村遗址

薛村遗址位于王村镇薛村北部约 1 千米，北距黄河 0.8 千米，面积约 50 万平方米。地理坐标为北纬 34°52′，东经 113°13′。

遗址地处广武山南麓，地势北高南低，大多被平整为梯田，南水北调中线干渠将从中穿过，占压面 20 万平方米。1987 年秋发现，2004 年郑州市文物考古研究所和荥阳市文物保护管理所在配合南水北调中线工程建设而进行的前期文物调查时对该遗址进行了重点复查。河南省文物考古研究所自 2005 年 4 月至 2006 年 11 月，进行了为期一年多的大规模抢救性考古发掘，共发掘面积 2 万平方米，揭露和出土了丰富的遗迹与遗物。研究表明，遗址文化遗存分为两个大的时期。早期，即在二里头文化时期到二里岗上层文化时期为一小型聚落；晚期，即在汉代开始变为一处以汉、唐墓葬为主的大型墓地。墓葬的分布范围远大于聚落遗址。

薛村遗址夏商聚落文化遗存的发现，对于研究夏代晚期到商代早期聚落的层级结构，以及内部的功能区的划分提供了宝贵资料。薛村遗址出土有大量精美文物。

彩绘贴花白陶马（唐）

彩绘红陶天王俑（唐）

白瓷塔式罐（唐）

东柏朵遗址

东柏朵遗址位于王村镇东柏朵村东北的平缓岗地上，东西长 350 米，南北宽 300 米，面积约 10 万平方米。地理坐标为北纬 34°52′，东经 113°19′。遗址系 2000 年春在调查国家重点工程西气东输沿线文物分布情况时发现的。郑州市文物考古研究所于 2002 年 11 月 20 日至 12 月 23 日对遗址进行了抢救性考古发掘。共布 5 米 ×5 米探方 5 个，实际发掘清理面积 100 平方米。

遗址地层分为 4 层，保存厚度计约 2 米（曾被取土起掉近 2 米）。现存最上层为汉代层，其下为商代晚期地层。主要遗迹有坑、瓦棺葬和灶坑；遗物主要有陶石与骨蚌器。陶器中有绳纹平底罐、圜底罐、陶鬲、大口尊、豆等。商代遗存为遗址的主要内容。

东柏朵遗址 周建功 摄

五里堡遗址

五里堡遗址位于王村镇五里堡村北部、胡固村南部，连霍高速公路从其北部东西向穿过，南距汜水河约 1 千米，东西长 600 米，南北宽约 500 米，面积 30 万平方米。地理坐标为北纬 34°50.820′，东经 113°14.345′。

遗址地处黄淮平原西部边缘，属丘陵区向平原过渡的地带，区内地势相对平坦。在遗址中部一废弃的砖窑厂的断壁上，发现有灰坑及文化层分布。灰坑有筒状坑和不规则形坑，坑内填土为浅灰土，夹草木灰和红烧土，土质较松，包含物有陶片、兽骨等，另外还发现有空心砖残块等。陶片陶质有泥质陶和夹砂陶，以泥质陶为主；陶色有灰陶、褐陶等，以灰陶为主；纹饰有绳纹、弦纹、附加堆纹等，可辨器型有缸、盆、瓮等。该遗址以东周时期文化遗存为主，兼有二里头和汉代文化遗存。

五里堡遗址 周建功 摄

古墓葬

苌村汉墓

苌村汉墓包括狐毛冢、狐偃墓、狐突墓。狐毛冢位于荥阳市王村镇苌村村西、狐偃墓位于王村镇胡固村南、狐突墓位于王村镇草庙村西。狐毛冢，曾以苌村汉墓称之，地理坐标：北纬 34°51′26″，东经 113°14′4.9″，海拔 146 米。地表现存一座高大的馒头状墓冢，底部直径近 60 米，占地面积约 2800 平方米，最高处 10 余米，冢由黄土和碎石分层夯筑而成，采用数层夯土层夹筑一层碎石层的方法，相当坚硬。狐偃墓地理坐标：北纬 34°50′57.5″，东经 113°14′51″，海拔 153 米。地表现存一高大的封土堆，底部直径约 60 米，占地面积约 3000 平方米，最高处近 20 米，墓冢由黄土分层夯筑而成，中间夹杂有石、鹅卵石层，十分坚硬。狐突墓地理坐标：北纬 34°52′31.2″，东经 113°14′16.1″，海拔 146 米。封土堆最大直径约 13 米，高约 9 米，夯筑而成。1994 年 10 月苌村汉墓（狐毛冢）曾被盗掘，郑州、

荥阳苌村东汉墓壁画——凤凰

荥阳苌村东汉墓壁画——抚琴图

荥阳苌村东汉墓壁画——人物瑞兽

荥阳苌村东汉墓壁画——皂盖轺车

荥阳两地文物部门对墓冢进行了实地调查和勘探，初步了解冢下墓葬的平面布局主要由相对独立的三大部分组成，北部区域的建筑为主墓室，由甬道、前室、东侧室和三个后室组成，全为拱形顶，且均有壁画，总面积达300平方米，保存较好的尚有100平方米，其内容包括楼庭院、车马出行、神话故事、珍禽异兽，乐舞白戏等。该墓规模大，壁画内容丰富，艺术水平高，是郑州市地区继新密打虎亭汉代壁画墓之后汉代大型壁画墓的又一次重要发现，对研究汉代社会绘画艺术、墓葬形制等方面都有重要的参考价值，1999年6月25日被公布为荥阳市第一批重点文物保护单位，2006年6月8日被公布为河南省第四批文物保护单位。因狐毛冢、狐偃墓、狐突墓三处墓葬位置相对集中，时代、封土堆夯筑形式一致，2013年3月5日，该三处墓葬合为苌村汉墓被国务院公布为第七批全国文物保护单位。

司村壁画墓

司村壁画墓共两座，位于王村镇司村西北。

两座壁画墓的墓葬形制、建筑方法及室内壁画内容基本一样。竖穴墓道，墓门南向，

荥阳孤柏嘴北宋墓壁画

墓室采用小砖砌筑成仿木结构的六角攒尖顶状，底平面为六边形墓壁上六角砌出角柱，柱头上砌转角斗拱，柱间阑额、普柏枋、补间斗拱等仿木结构，并施以彩绘。壁上砖雕桌椅等。南壁为墓门，后壁有砖砌假门窗。

墓室的内壁六面均有大面积的彩绘壁画，壁画用红、黄、赭和黑色几种颜色绘制，出土时鲜艳清晰，主要内容为孝子行孝故事，其中一座绘 19 幅，另一座绘 24 幅。另外，在每面壁画的上方还各绘 2 个文吏像。

孝子行孝故事图上方均有墨书榜题。分别有元觉、姜诗、郯子、老莱子、田真、韩伯愈、董永、舜子、鲍山、曾参、闵子骞、王祥、孟宗、丁兰、鲁义姑、刘殷、陆绩、郭巨、王武（妻）、杨昌、刘明达、曹娥、蔡顺、赵孝宗等行孝故事。

荥阳司村两座壁画墓均为宋金时期。它们的发现，对研究郑州地区宋金时期的墓葬建筑及尚孝思想的状况和我国二十四孝图的内容演变等具有一定价值。

古建筑

王村戏楼

王村戏楼俗称王村歌舞台，位于王村镇王村大街，北与王村镇政府隔街相对。这座戏楼，坐南向北，面阔 5 间，进深 2 间。分台基、楼身和楼顶三部分。台基为长方形砖石砌筑，东西长 11.08 米、高 1.5 米。砖一般长 0.31 米、宽 0.14 米、厚 0.06 米。楼身，

王村戏楼房脊砖雕　石保定 摄

分为前后台。前台有明立柱 4 根，上刻联语 2 副。其中左右两侧联为：“水仙子捧碧玉箫，台前吹出声声慢；香柳娘穿红绣鞋，场中行得步步娇。”中间 2 根上之联为：“榱栋灿日星，南嵩北河并添彩；徵角彻霄汉，虞凤晋鹤共和鸣。”4 根立柱将空间分成 5 间，中间为 3 大间，两边次间小，东西长 10.96 米。后台比前台东西短约 2 米。楼顶，从正、后两面观察，为两面坡顶，小灰瓦覆面，正脊上饰禽兽祥瑞构件，造型生动，制作精细。而从侧面观之，屋顶分作前、后两部分，前面为卷棚顶（实为前台的顶部），博缝板上饰雕有精美图案的砖雕；后面的即为正面所视楼的正脊，博缝板上同样饰精美的砖雕。这座戏楼，旧称歌舞台，据传始建于唐初贞观十五年（公元 641 年），其后多有重建或修缮，现存建筑主体为清代建筑。

大悲阁

位于荥阳市王村镇小村行政村桑园自然村东，地理坐标：北纬 34°49′55.2″，东经 113°17′34.7″，海拔 143 米。现存白衣大悲楼阁一座、白衣堂一座、火神庙一座、碑刻五通。白衣大悲楼阁青砖砌筑，坐东向西，由顶、身、座组成，通高近 8 米，身分两层，门上部做成垂柱状，上镶嵌石匾额一块，刻“白衣大悲楼阁”，并有“万历四十三年六月初三吉旦立”，顶为硬山两面坡，小兰瓦覆顶，前檐下嵌砖雕菊花、鹿图案。创建观音堂碑记载观音堂创建于明万历三十二年，砖木结构，较低。火神殿较小，正墙镶嵌建立碑记，记载火神殿修建于清乾隆三十年。此地是传说中的桑林祷雨处，1987 年 5 月被荥阳县人民政府公布为重点文物保护单位。

碑　刻

新建观音寺碣

现存王村镇王村小学，青石质，高 0.63 米，宽 0.60 米。唐武德五年（公元 622 年）陆德明撰文，正书，无书者姓名。该碑立于“武牢之战”次年，是研究“武牢之战”的珍贵实物资料。陆德明是经学大师，学问渊博。武德四年，他托病摆脱王世充的纠缠，在成皋目睹了“武牢之战”的全过程。碑文记载了武牢之战生擒窦建德后班师凯旋，在此遇雨的有关情况。文中有“值夜雨作”，说明生擒窦建德返回武牢至此地的时间及建观音寺于此的原因。这是研究武牢之战的珍贵资料。

一峰园法帖

王村镇留村禹氏家藏。清禹祥年书，共 4 块：一为《一峰园题词》，长 1.23 米，宽 0.335 米，厚 0.1 米；一为《於忽操》，长 1.06 米，宽 0.337 米，厚 0.08 米；一为《胎息经》，长 1.09 米，宽 0.33 米，厚 0.108 米；一为《酒广散》，长 1.09 米，宽 0.335 米，厚 0.1 米。

禹祥年以正书、行书、草书各体书刻于石。时人得一峰墨拓以为宝。其小楷风格直逼晋人，点画精雕细琢，结体平实寓奇，格调高雅。其草书深受明代书法家董其昌的影响，笔法娴熟，秀润简淡，气韵生动，虽字字独立，但连贯自然，点画之间或映带，或顾盼，形神兼备，仪态万方。

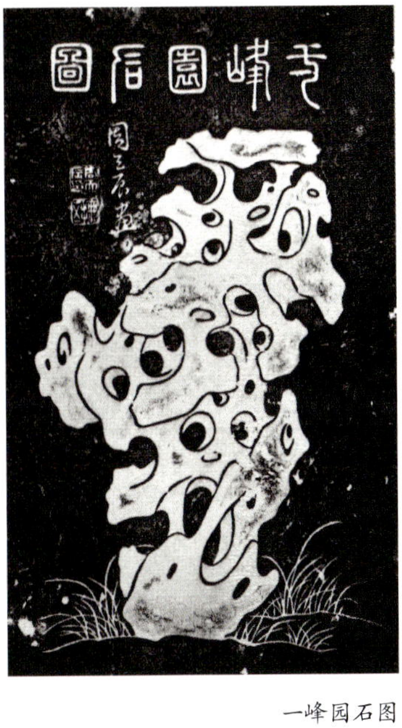

一峰园石图

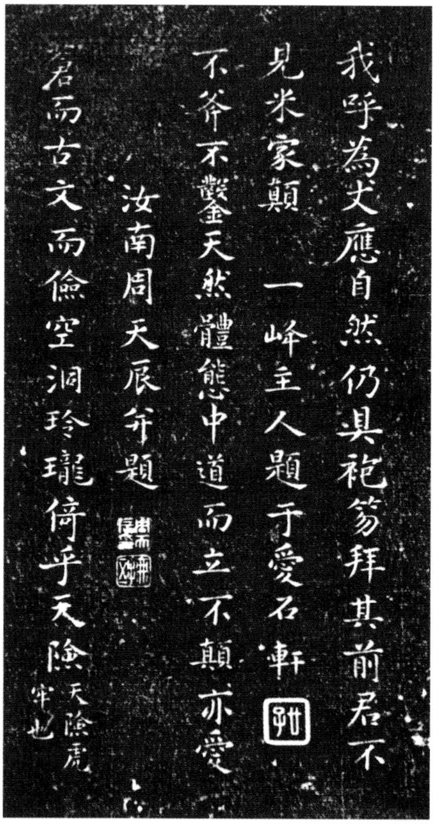

一峰园石刻之一

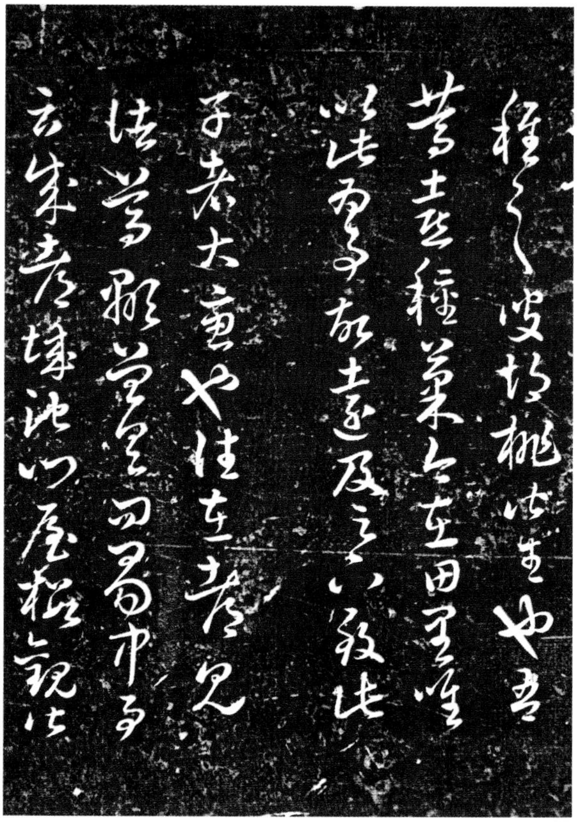
一峰园石刻之二

一峰园石刻之三

风土民情

LOCAL RECORDS OF WANGCUN

土特名产

郑州黄河鲤鱼

郑州黄河鲤鱼，全国农产品地理标志。2012 年 5 月 2 日，中华人民共和国农业部正式批准对“郑州黄河鲤鱼”实施农产品地理标志登记保护，王村镇位于保护区域的核心位置。郑州黄河鲤鱼体呈梭型，侧扁而腹圆，头背间呈缓缓上升的弧形，背部稍隆起。体侧鳞片金黄色，背部稍暗，腹部色淡而白。臀鳍、尾柄下叶呈橙红色，胸鳍、腹鳍呈橘红色。整个鱼体健康，活力好，体态匀称，无畸形，无脱鳞，无出血、无异味。

黄河鲤鱼　石保定 摄

生活习俗

婚　俗

男女结婚时，称男家为“娶媳妇”，称女家为“打发客”。中华人民共和国成立前，迎娶之日女方往男家送嫁妆，男方往女家送大盒礼，并互封“封儿”。这天男家张灯结彩，备酒宴，门框贴鸿喜对联，大门上贴双喜字。迎娶方式，通用花轿迎娶新娘，新郎披红戴花，或骑马或坐轿接娶新娘，引客是轿前引路人（多为当地有地位、有名望的人担任）。手脚利索的青年作炮手，在花轿路遇庙宇、大树、石头、井时，用红毡、红花布掩住轿门轿到女家，酒宴招待后，新郎拜女方高堂，行九叩礼，鸣炮后，新娘上轿，并有小弟或侄儿戴钥匙，陪送人坐轿或坐车，跟随新娘去婆家。

花轿沿途穿村过店，要放纸炮或三眼铳。女宾相（搀家）迎扶新娘出轿。新娘与新郎结伴并行，踏毡席，步入喜堂。行走中放鞭炮，用斗向新郎新娘撒喜钱（斗内装麦皮、谷子等，表示让新郎新娘日进斗金，享大福）。堂中设天地案，放香烛，供品放一斗粮、一

王村镇当代婚俗　石保定 摄

杆秤、青葱、柏枝，以求带来金银满斗、四季常青、称心如意。新郎新娘在天地案前，在礼宾的指挥下，拜天地、拜高堂、夫妻对拜，新人入洞房。喜日之夜，红灯蜡烛，彻夜不息，俗称“洞房花烛夜”。青年男女还要闹新房，让新郎新娘吃四盘菜。婚后第三天，新娘回娘家，叫做“回门”，并且新郎新娘同行，当天必须返回婆家，至此婚礼结束。也有男女两家路远的，女方送女儿到中途，男方半路迎娶新娘的，叫“迎亲婚礼”。

中华人民共和国成立后，男女双方恋爱结婚需到民政部门登记，领取结婚证书，择吉日举行结婚仪式，发喜糖，宴请亲朋好友，文明时尚，热闹喜庆。结婚当天还要讲排场、摆宴席、请亲朋好友、贴喜对联、高音喇叭唱喜戏、找引客去娶亲，女方家摆宴席欢迎贵宾，男女两家互送红包（封封儿）。娶亲途中，乡亲可以拦亲讨喜烟、喜糖。新娘到男方家举行仪式时，仍沿袭旧俗，一拜天地，二拜高堂，三夫妻对拜，四入洞房，晚上仍有闹洞房的，有的还放映电影庆贺。进入 21 世纪以来，逐步简化，出现集体婚礼、旅游结婚等多种婚礼形式。

满 月

满月，又称齐客。新生婴儿出生后第二天到媳妇娘家报喜，5 天以后媳妇娘家及较为亲近的亲友，带鸡蛋或其他补养品探望，并确定做满月的“齐客”日期。满月当天，娘家亲族都要为婴儿做新衣、买布料、买首饰（银项圈、镯子、百岁钱），并带礼品前往贺喜，主家设宴待客。

祝 寿

给长辈祝寿，一般以 60 岁或 66 岁（称六六大寿）始，意喻老人健康长寿。从 20 世纪 80 年代中期，祝寿方式也随着社会的发展而不断演变，祝寿形式愈来愈隆重，除宴请亲朋好友外，还馈赠厚礼、匾额、寿礼，子女为老人送上生日蛋糕，席间唱生日快乐歌，隆重的还设司仪主持，举行仪式。晚间放映电影，条件好的家庭，专门请表演艺术团体或剧团，演唱三天，热闹非凡。

岁时节俗

春　节　民间将春节称为“年”。“腊八”是春节的筹备阶段，家家户户吃“腊八饭”，饭中五谷齐全，表示五谷丰登。腊月二十三日“祭灶”是春节的开始，一直延续到正月十九封口结束。二十三祭灶王，二十四扫房子，二十五捞豆腐，二十六割块肉，二十七杀只鸡，二十八贴对联，二十九蒸馒头，年三十过除夕。除夕之夜，全家团聚在一起吃团圆饭，守岁、烤柏枝、吃饺子、放鞭炮。正月初一互相拜年，男不拿笤帚，女不动针线，畜牲也要休息，叫做“大年初一，骡马歇役”。初二闺女回娘家。

元宵节　农历正月十五日，又叫灯节。孩子们玩灯笼、放焰火，民间有耍狮子、踩高跷、划旱船、演小品、唱戏、猜灯谜、观灯、舞狮等文娱活动，元宵节还要吃元宵。

二月二　农历二月二，龙抬头。时间正处于二十四节气中“雨水”前后，降水逐渐增多。旧时到这一天，要吃炒米花、炸豆，保“五谷丰登”。

清明节　清明节有踏青和扫墓的习惯，民间说“早清明”是要在清明节前几天上坟，最迟不能超过清明节中午。

端午节　农历五月初五，俗称“端午节”。人们习惯门上插艾枝，佩戴香囊，吃粽子、油炸糖糕，喝雄黄酒。小孩手脚戴五色线或穿戴绣有蝎子、蜈蚣、蛇、壁虎、蟾蜍五毒动物的黄色裹肚，以避五毒。

20世纪90年代元宵节划旱船老照片　王村镇人民政府 供图

七 夕 农历七月七日晚，相传为牛郎织女鹊桥相会的日子，少妇们对月穿针引线，向心灵手巧的织女求教，所以又叫“乞巧节”。

七月十五 农历七月十五，人称鬼节，家家户户备办祭品，必在这一天上坟祭祖。

端午节香囊 石保定 摄

中秋节 俗称“八月十五”。人们盛行赏明月，吃月饼，全家吃团圆饭。

重阳节 农历九月九，称“重阳节”，九月九谐音“长久”，祝愿老人长寿。

十月一 农历十月初一，俗有农历“十月一，晚上坟”的说法，说明农历十月一日之后，农事已渐少，进入农闲季节，有暇回忆祖上恩德，表示悼念。

冬 至 俗称“交九”，时令进入严冬。冬天冷的日子到了，这天家家户户习惯吃饺子，传说冬至这天吃饺子不会冻坏耳朵。

后新庄村冬至千人饺子宴 王村镇人民政府 供图

方言土语

方　言

出来（揣）
底下（嗲）
里头（流）
没有（牟）
今天（今儿）
明天（明儿）
后天（后儿）
前天（前儿）
扫墓（上坟月亮）
月亮（月明）
太阳（日头儿）
闪电（打闪）
冰（冬隆）
小巷（过道儿）
背后（脊娘后）
这边（这厢）
啥时候（多早晚儿）
黎明（胧星明儿）
刚才（江江儿）
头（低脑）
最后（末糊独儿）
额头（额老头儿）
谈天（喷空儿）
赤脚（赤麻脚）
喜欢（戴见）
侧卧（侧棱膀儿）
感冒（风泼）
手杖（拐棍儿）
驼背（锅腰儿）
捞面（浇面条）
油条（麻糖）
厕所（茅子）
打畦（打岗儿）
牛棚（头夫屋）
花蕾（花骨朵儿）
麻雀（小虫儿）
喜鹊（马乙樵）
蝙蝠（盐变胡儿）
蝗虫（蚂蚱）
蚕（蚕姑奶奶）
女孩（妮儿）
知了（麻唧鸟儿）
没出息（下三儿）
步行（地蹦儿）

谚 语

农 业

清明蜀黍（高粱），谷雨花（棉花），立夏种芝麻。

谷雨前后，种瓜种豆。

麦盖三层被，枕着油馍睡。

头伏萝卜末伏芥。

立秋十八天，寸草结籽。

巧犁耙不如多上粪。

种地不上粪，等于瞎胡混。

桃三杏四梨五年，枣树栽活就见钱。

寸草铡三刀，无料也上膘。

草膘、料力、水精神。

天 气

不怕初一阴，就怕初二下（雨），七阴八下九不晴，十一十二还有零。

九月九，到十三，十三不下一冬干。

冷在三九，热在中伏。

早烧阴，晚烧晴，半夜烧云到不明。

八月十五云遮月，正月十六雪打灯。

有钱难买五月旱，六月连阴吃饱饭。

事 理

要想人不知，除非己莫为。

害人之心不可有，防人之心不可无。

年年防旱，夜夜防贼。

早起三光，晚起三慌。

知山知水不知深，知人知面不知心。

跟好人，学好人，跟着巫婆下假神。

好借好还，再借不难。

人过留名，雁过留声。

到处留心皆学问。

不当家不知柴米贵，不养儿不知报娘恩。

冬吃萝卜夏吃姜，不找医生开药方。

远亲不如近邻。

吃人家的嘴软，拿人家的手短。

艺文

LOCAL RECORDS OF WANGCUN

新建观音寺碣碑文

唐　陆德明

王世充、窦建德为仇大邦，我秦王赫然斯怒罪人，乃得班师凯还，驻跸广武。值夜雨作，而东南云际光焰射天，烛见观音菩萨全身毕露。王顿首拜瞻，喜谓群臣曰：“乃者武事告成，天授神佑，厥功溥哉？”遂敕建兹寺，因名焉。工讫，乃树碣以纪其岁月云。尔时大唐武德五年 国学助教陆德明撰。

新建观音寺碣　姜增杰 摄

一峰园半庵

清　禹祥年

看破浮生一半，半庵受用无边。

半城半市田宅，半山半水连。

半耕半读远尘喧，半士半农半禅。

半雅半俗器具，半丰半俭宾筵。

处世半隐半见，守己半迂半颠。

於呼乎！饮酒半酣偏美，花放半蕊偏妍。

马收半缰莫争先，船开半篷稳便。

减半饶多滋味，过半转觉纠缠。

百年苦乐半相参，容膝只需半椽。

半庵之中兴陶然，半外又何求焉？

一峰园题辞

清　冉觐祖

其人爽豁而宏通，其石苍秀而玲珑。肖貌传神，笔夺化工。收寻丈于尺幅，蕴洞壑以无穷。览者见图，知石居然在阿堵中。予谓所关在人不在石，惟其人杰出而特立，斯有石高揭乎一峰。性之所近，宜为爱之所锺。昔人称石为山骨，爱石乃乐山之异名。石体惟静，石年惟寿，有符於仁者之永贞。爱之所钟，又征其德之所成。唐有奇章，宋有海岳，能为石之知己，第属玩物之闲情。不足取义相拟，而逊禹子以大雅之声。

题一峰图

清　窦克勤

相此石之奇特，风雨其蕴结耶。岂一卷之多非，矶碑之峻绝耶。具袍笏以拜兮，其呼丈之前哲耶。挹君之幽怀兮，非太室之及巅，而少室之在列耶。流连兮其雅志之无忘，不令人感之而心折耶。

一峰禹先生传

清　张开东

洛阳古称多贤哲之侣、汉东观、南阳、长沙诸庐在焉，至今住者吊之。余望嵩山北邙，邈难登矣，故咏歌弗及。己未馆于复州刺史谦斋公署，乃得一峰先生云。刺史既授所著《五方元音》及《琴谱》各集，又赠以一峰墨榻。读其行述墓志，益想见其为人。呜呼！先生往矣！先生负丈夫之概，然诺不苟。其於人也，无所顾忌，退而相接，冲和盎溢，循循如弗逮，岂非粹然儒者流也？书法宗晋，虽草书飛舞，不愆于度。好鼓琴，能作书声鸟语。购一铁箫，吹之锵锵有玉音，别号锵箫道人。客有浙江余某者，随其父宦于豫，父死不得归，先生与其祖素有识，给以地葬之。乃延之家，居室服物悉备，阅二十余年如一日。及其死，俱以礼葬。今两冢宛在汜水。世之好客自喜，结声气至哀穷困，死生不二，难矣！覃怀之山有石焉，先生爱其一峰，移之园，晨夕觞咏其下，一时名流赠答，如中牟冉永光、柘城贸窦静庵两太史之类。刊有《一峰题词》行世，故学者慕之，咸称为一峰先生也。先生秉铎宁陵最久，课士与子姪，共相切劘，多所成就。雍正丁未，迁满城令，年已六十有六。阅三载，以劳卒於官，棕归，堕泪泣送者数千人。没后之感，至於如此。呜呼，先生之为人无遗憾矣！长君谦斋公领庚子乡荐，刺沔阳。沔素无任三年者，公历十一载，整饬弗懈。夜烛治官书，稍暇即与余论诗、古文。服食不求甘美，不买一妾以自奉，衙舍冷如僧院。壬戌秋，将迁施南司马，辞曰："我先君事迹已有言者，先生何以目之？"余谨拜手称唯，公爰弹琴以别。

合练中二十四势序

清　苌乃周

合练之法，为练形第五层功夫，乃形气合一成功之法也。其中起落高低，侧正俯仰，斜歪扭摽，各有一定合法。统其势则有七十二，以应七十二候；充其势则有三百六十，以应三百六十五度。三百六十繁而难演，惟撮其要，而为七十二。又分而三之，则有上、中、下各二十四，以应二十四气。上二十四，起纵飞舞，悬舞也。下二十四，地盘滚伏，睡舞也。中二十四，不起纵，不地盘，中平之势也。盖人禀天地阴阳之气以生，其升其降，自低而高，高而复低，三才分配，自然之理。但起纵地盘，初学不能骤习，惟此中二十四势，虽不能尽中势之变，然从此入手，可为初学阶梯，习之殊觉易易，如势练成，再将上、下四十八势熟练，则奇正变化，自然生生不穷，又何必多记套数，以为岁月之累。前此练腿、练膊、练手、练足、练头、练肩、练肘、练身气、练内气、练偬气、练引气，皆是分练之法。至于头、手、足如何合法，势势转接如何连法，宜刚宜柔如何用法，不经此番讲究，此番磨炼，则三尖不照，落不稳当；三尖不到，此前彼后。阴阳舛错，气不接续，刚柔颠倒，牵上扯下，欲求稳如泰山，捷若狡兔，必不能也。盖形以寓气，气以催形，形合者气自利，气利者形自捷，非两事不假借也。练之之法，势势究其三尖配合，动静验其三尖毕集。阴转阳，阳转阴，勿隔位而另起炉灶；柔过气，刚落点，须相济而莫失伦次。上气在下，下气在上，宜详其牵扯；前气在后，后气在前，当理其阻滞。势无三点不落，必到三点方落点；气无三催不尽，不到三催莫住手。杀势审其变化，救势详其周密。如是练去，熟极巧生，不失规矩。神而明之，存乎其人。乃世之练形者，不明此为最后成功练法，入手便用，又不洞悉此中详细，以故倒行逆施，用力多而成功少也。岂知此乃内丹根基，为天地所珍秘。非其人不传，非其时不传，非其地不传。得吾道者大可以反本还原，超脱飞升；小可以强筋健骨，却病延年。非仅披坚破锐成些小技艺已也。凡我同志，宜谨之慎之，珍之秘之，切勿妄泄，以遭天谴，有负授者之苦心也。

二十四字拳谱序

清 苌乃周

虎牢张八，年三十学艺，刀枪剑戟，靡有不精，其神拳二十九势，世无知者。嗟乎！人知之未必果高，而高者不求人知，且惟恐人知。即间有知者，亦无异于不知也。余成童嗜武，读书之暇，他务未遑，专以舞蹈为乐。虽先兄屡训，私爱终难自割。徒以传授无门，东支西吾，劳而罔功，深愧无成。后十年，遇河南府洛阳县阎圣道指点一二，颇觉进益。又数年，得字拳四十法，臆续三十二件，积为七十二则。但繁多莫记，乃约归二十四，命以名，示以窍，使学者便于复习。然恐胶柱鼓瑟，苦其拘执不化，兹于冬日清闲，就二十四而扩充之，每一分而为八，共合一百九十二。纵横奇变，于此毕具。世有知者，不见可喜。假令湮没终身，亦所不怨也夫！

二十四势猿猴棒序

清 苌乃周

余得此棒，以为奇遇，何奇乎尔？乾隆二十一年九月九日，余与友人禹子鸿起饮酒赏菊，家童来禀，门外有义人求见。出问其所之，义人曰“天下访道”。请入室，以酒敬之，问其姓名，言姓梁名道，四川人也。谈文，无所不通；论武，精于枪捶。次晨，庭前演武，果为奇手。又将棒一舞，其中之三尖照到，老少随合，刚柔相济，阴阳相生，忽大忽小，忽长忽短，内气外形，贯通合一，宛转妙用，皆中法律。余一观之，快然悦于心，契于志。不禁喟然叹曰：“此有道之棒也，愿学之！”复以谱志之。留义人十余日。义人辞，苦留，义人三辞。无奈，赠路资而去。

上邑侯谢公书

清 宋茂源

朝廷设官置吏，凡以安民。近世贪墨成风，体此意者，百无一二。吾公江左名士，桐城望族，家世理学，公父筱榭先生，著《训子笔记》，以理学传家。志在孔孟，一入仕途，不问而知为民之父母也。及奉命出宰吾邑，士民有知公之梗概者，闻公来，莫不举首加额，私相庆曰："出水火而登袵席，其在斯时乎！"甫下车，即振风俗，励学校，初，政绰有可观。以厚务为宽厚，凡奸宄盗贼，一切含容姑息，略无惩戒。以故狱讼繁兴，窃劫日盛，豪强肆害善良，衙蠹狼虎平民，数年来积弊釀害，曷可胜纪！然此犹其细焉者耳。方今比年水旱不时，五穀连岁不登，往来之应酬不减，公私之花费如故。延至今春，家家仓箱空虚，处处钱财缺乏。赤皮露肤，无完衣者不知凡几；茹糠啖菜，日不再食者不知凡几；或依附亲邻，或游离远乡，若是者又不知凡几？儿女啼饥号寒，父母吞声饮泣，有父母之责者，见此民情，当必潸然泪下。斯即捐俸赈恤，亦所甘心，又何忍增益赋价，以苟免些须之赔累乎？

夫吾汜区区片壤，赋役繁重，民本不堪。今于常额之外，又加十分之三，吾民何罪，又遭辣手，欲缓须臾之死，而不得乎！即谓银价增高，粮有赔累，然前此银价低时，屡年亦常额外羡余，何未闻有减价之议乎？况公卖穷民滩地，借口急公办料，究竟仍派闾阎，此钱依旧独吞，岂不可借此以补今之赔累乎！前不减价，今仍增价，前则利归于己，今则亏归于民，是诚何心者！所以一人之愤怼难消，千人之愁苦莫舒。一唱万应，齐集公庭者，几至数千。跡难可疑，心原无他，不过令公见此情形，垂怜于万一耳！公乃大动雷霆，执其村卤不逊者数人，押班禁狱，欲详办治罪。呜呼！彼村卤何知，行其径情而已矣，譬之襁褓儿童，有时疾痛难忍，即在父母怀中号哭撕闹，为父母者，即鞭挞至死，有是情哉？

余素钦重理学，读公所梓诸书，验公所行诸政，心实歉然！欲趋赴公庭，直言规谏，近侵越而自嫌；欲闭户家居，坐视民愁，终凄切而不忍。抽思万端，不得不出此激切之语，冀获一悟，庶几仁心感动，利念全消，体朝廷建官之意，哀民欲苏之心。粮循旧额，价仍平昔，罢络外之征，释村卤之民。将见人民欢悦，颂声播扬，悬匾铭石，種種荣施，不一而足。较之增益赋价，苟免赔累，以贻万民之咨嗟者，其得失荣辱为何如也？古人云：苟利于民，死生以之。此儒者本色，惟吾公实重图之。

革命英烈

烈士名录

按牺牲时间先后排序

序号	姓名	性别	籍贯	出生年月	参加革命年月	牺牲年月	牺牲地点	职务	备注
1	李玉坡	男	薛村李村	1908 年	1937 年	1940 年	山西省蒲县	县长	党员；1977 追认
2	夏克礼	男	木楼	1916 年	1936 年 7 月	1942 年	河北省磁县	军事教员	1977 年追认
3	靳福毛	男	西大村	不详	1944 年	1945 年 5 月	荥阳县乔楼陈寨	战士	
4	张鸿毅	男	王村	1923 年	1938 年	1945 年 9 月	太康县	分队长	党员；1981 追认
5	房东成	男	房罗村	1924 年	1948 年 4 月	1948 年 12 月	安徽省宿县大王村	副班长	
6	苌小喜	男	韩村苌村	1927 年	1948 年 7 月	1948 年	山西太原战役	战士	
7	苌老臣	男	韩村苌村	1930 年 9 月	1948 年 8 月	1949 年 3 月	巩县沙鱼沟	战士	
8	韩进才	男	韩村	不详	不详	1949 年 5 月	解放上海	通讯员	
9	禹广道	男	韩村苌村	1930 年	1947 年 10 月	1949 年 11 月	江苏省徐州	战士	曾用名禹天保
10	苌志文	男	后新庄	1928 年 11 月	1949 年 5 月	1949 年 11 月	广西兴安县	战士	
11	宋桂林	男	后白杨	1920 年	1948 年 9 月	1950 年	朝鲜汉江渡江时	战士	1955 年追认
12	苌玉祥	男	后新庄	1921 年	1945 年 8 月	1951 年 4 月	朝鲜江原道华川郡	排长	

续表

按牺牲时间先后排序

序号	姓名	性别	籍贯	出生年月	参加革命年月	牺牲年月	牺牲地点	职务	备注
13	石相池	男	留村	不详	1948 年 5 月	1951 年 5 月	朝鲜战场	班长	
14	李同	男	柏朵	1928 年	1949 年 1 月	1951 年 5 月	朝鲜第五次战役	班长	党员
15	贾荣均	男	木楼	1927 年	1950 年 11 月	1952 年 9 月	朝鲜黄海道	战士	
16	张新海	男	许庄河寺村	1929 年	1948 年 10 月	1952 年 10 月	朝鲜上甘岭	排长	
17	张殿臣	男	小村	1927 年	1949 年 12 月	1953 年 3 月	朝鲜战场	班长	1951 年 10 月入党
18	赵书琴	男	前白杨	1929 年	1950 年 12 月	1953 年 3 月	朝鲜（射王洞）战场	战士	
19	禹保平	男	后白杨	1925 年	1947 年 12 月	1955 年	云南（失踪）	战士	1955 年追认；网上禹宝平
20	邢文杰	男	薛村邢村	1912 年	1949 年 2 月	不详	桐柏失踪	不详	1955 年追认
21	邢土山	男	薛村邢村	1927 年	1949 年 9 月	不详	桐柏失踪	战士	1957 年追认
22	许敬	男	房罗村	1937 年	1953 年 8 月	1961 年 1 月	青海西宁	军需助理员	1961 年 9 月 11 日病故
23	张根水	男	王村 12 组	不详	1938 年 3 月	不详	失踪	战士	1961 年追认
24	耿遂成	男	小村	1945 年 11 月	1964 年 12 月	1970 年 6 月	天津物资管理站	营房助理员	1969 年入党
25	张义斌	男	王村	1947 年	1968 年 3 月	1970 年 7 月 2 日	新疆疏勒县	卫生员	曾荣立三等功

续表

按牺牲时间先后排序

序号	姓名	性别	籍贯	出生年月	参加革命年月	牺牲年月	牺牲地点	职务	备注
26	马全安	男	东柏朵	1949 年	1971 年 1 月	1974 年 4 月	河北省隆化县	战士	党员
27	司学义	男	司村	1951 年 3 月	1971 年 7 月	1974 年 4 月	河北省隆化县	战士	京通线隆化车站东侧山坡上
28	吕有才	男	西大村	1930 年	1948 年	不详	朝鲜失踪	保管员	1979 年 8 月追认

大事记

1948 年 4 月，汜水地区解放。是年 6 月，荥汜广县政府建立，属汜水区。是年 10 月，荥汜广县撤销，其中广武、汜水合并成立成皋县，属成皋县第四区。

1949 年 8 月，成皋县第十九完全小学改为王村完全小学、成皋县第十六完全小学改为西大村完全小学、成皋县第十八完全小学改为木楼完全小学。

1950 年 10 月，组织有志青年积极参军参加抗美援朝。

1951 年 11 月，成皋县设白杨区。

1952 年 1 月，成皋县人民政府发出《关于今冬明春植树造林的指示》，群众在“四旁”（宅旁、路旁、村旁、河道旁）广栽树木。

1953 年 9 月，对棉花、棉布、棉纱实行计划供应，凭证购买。

1954 年 6 月，荥阳、成皋二县合并，白杨区属荥阳县第九区。

1955 年 3 月，中国人民银行发行新人民币，新币开始在白杨区流通。

1956 年 1 月，荥阳县第九区撤销，成立上街、白杨两个中心乡。

1956 年 8 月，河南省人民委员会公布文物古迹保护目标，观音寺碣列入古迹名单。

1957 年 12 月，启动建设李村提灌站。

1958 年 9 月，白杨、上街、木楼三个基层乡合并为白杨人民公社。

1959 年，荥阳县 10 个人民公社合并成立荥阳县人民公社，属荥阳县人民公社汜水管理区。

1961 年 11 月，由大队为基本核算单位改为以生产队为基本核算单位。

1961 年 6 月，李村提灌站竣工。

1962 年 11 月，动工修筑南北干渠 19921 米。

1963 年 2 月，区划调整，成立王村人民公社。

1963 年，建成王村公社卫生院。

1965 年，平整山地，改旱地为水浇地 2600 亩。

1966 年 11 月，开办水泥厂。

1968 年，开办机制砖瓦厂。

1969 年，建成王村公社高中，位于王村村委原址。

1972 年 2 月，李村提灌站扩修干渠。

1973 年，王村公社建成后新庄大队农科队，开始自己培育小麦、玉米种子。

1979 年 5 月，面粉厂建成投产。

1980 年，冰糕厂、针织厂建成投产。

1981 年 6 月，压延厂建成试投产，

1982 年，氟化盐厂建成试投产。

1982 年 4 月，荥阳到王村柏油路修通。

1983 年，人民公社改乡，生产大队改称村民委员会，生产队改称村民组，全乡有 20 个村民委员会。

1984 年，开展“五讲四美三热爱”活动。

1985 年 8 月，设立仁里村，全乡有 21 个村民委员会。

1987 年，设立后殿村，全乡有 22 个村民委员会。

1987 年 3 月，狐偃冢被郑州市人民政府公布为郑州市第一批文物保护单位。

1987 年 5 月，桑林祷雨遗址、镇河铁牛被荥阳市人民政府公布为荥阳市文物保护单位。

1990 年 2 月，王村乡狮舞队参加省文艺会演，获特等奖。

1993 年 8 月，王村乡被农业部、国家体育运动委员会、中国农民体育协会评为第二批全国亿万农民健身活动先进乡镇。

1993 年 10 月，王村狮舞队赴京参加全国“龙潭杯”狮舞比赛。

1994 年 3 月，设立前白杨村，全乡有 23 个村民委员会。

1994 年 11 月，荥阳市文物保护管理所调查王村苌村汉代壁画墓（俗称狐毛冢），对墓内壁画进行拍照。

1995 年 2 月，在郑州召开省、市文物专家参加的苌村汉代壁画研讨会。

1995 年，在王村镇金滩市场西北建设卫生院新院区。

1996 年，成立王村电视台。

1996 年，成立王村镇第一初级中学。

1996 年 11 月，撤乡建镇，王村乡改为王村镇。

1997 年 4 月，王村镇前新庄村被河南省建设厅命名为“中州新村”。

1999 年 6 月，荥阳市人民政府公布苌村汉墓为荥阳市第一批文物保护单位。

1999 年 12 月，参加在郑州黄河浏览区举行的“河南·郑州庆祝澳门回归、喜迎 2000 年”大型群众文艺活动。

2000 年，王村镇被郑州市人民政府评为“郑州市科技示范镇”。

2001年11月，荥阳市文物保护管理所组织人员到后殿、段坊等村访拓匾额及碑刻资料。

2001后12月，国家重点工程西气东输进入王村镇施工。

2002年11月，庙王公路竣工通车。

2003年11月，河南省文物考古研究所调查南水北调干渠沿线部分文物点情况。

2004年11月，国务院南水北调办公室确定在王村镇薛村行政村李村处建设穿黄隧洞。

2005年，王村卫生院搬迁至金滩市场。

2005年4月，河南省文物考古研究所对薛村遗址进行大面积考古挖掘。

2005年9月27日，南水北调中线穿黄工程举行开工仪式。

2006年6月，苌村汉墓被河南省人民政府公布为河南省第四批文物保护单位。

2006年11月，薛村遗址考古发掘工作结束，共发掘面积2万平方米，清理500多座古代墓葬，出土各类文物4000余件。

2006年，成立王村镇第一小学。

2007年7月8日，南水北调中线穿黄隧洞开挖。

2007年8月，成立王村镇第二小学。

2008年6月，苌家拳被国务院公布为第二批国家级非物质文化遗产。

2008年12月，王村镇被河南省爱卫会评为“省级卫生乡镇”。

2009年，成立王村镇第三小学。

2010年8月，竹园村搬迁到王村镇，全镇有24个村民委员会。

2010年9月27日，南水北调中线穿黄隧洞挖掘工程全线贯通。

2011年，王村镇创成郑州市级文明村镇。

2011年2月，河南省建发防腐保温科技有限公司落户。

2012年，升级改造荥王路（原庙王公路）。

2012年8月，王村镇启动新庄、房罗、白杨三个社区建设。

2012年5月，荥阳市孤柏渡飞黄旅游区开建。

2012年12月30日，南水北调中线穿黄隧洞内衬混凝土浇筑全部完成。

2013年6月，荥阳市孤柏渡飞黄旅游区正式开园。

2013年6月，沿黄快速通道（S312）开工建设。

2013年12月，南水北调穿黄主体工程完工。

2014年，完成幸福家园（白杨）社区、新庄社区、房罗社区722户群众回迁。

2014年9月，穿黄工程上游线隧洞充水水位达到设计要求，南水北调中线穿黄工程隧洞充水试验成功。

2014年12月16日，南水北调中线穿黄隧洞通水成功。

2014年12月，荥阳市孤柏渡飞黄旅游区被全国旅游景区质量等级评定委员会评定为国家AAAA级景区。

2015年7月，孤柏渡飞黄旅游区正式更名为古柏渡飞黄旅游区。

2015年，王村镇被郑州市委宣传部命名为乡镇（街道）级首批文化工作示范基地，王村村被郑州市委宣传部命名为村（社区）级首批文化工作示范基地。

2015年11月，沿黄快速通道（S312）竣工。

2016年，王村镇被郑州市人民政府命名为郑州市第二批“公共文化服务示范镇”。

2016年2月，沿黄快速通道（S312）实现通车。

2016年3月，举办第一届“河南·郑州·荥阳黄河樱花节”。

2016年11月，荥阳市丰乐樱花园旅游风景区被全国旅游景区质量等级评定委员会评定为国家AAAA级景区。

2017年，王村镇“欢乐乡村大舞台”活动被郑州市人民政府命名为“郑州市公共文化服务示范项目”，王村镇被郑州市人民政府命名为“郑州市公共文化服务示范乡镇”。

2018年3月，举办荥阳市首届乡村旅游节暨王村段坊赏花节。

2018年10月，孤柏渡黄河塬休闲旅游区被郑州市旅游局评为四星级乡村旅游经营单位。

2018年12月，王村镇被郑州市旅游局评为“郑州市最具发展潜力旅游特色示范镇”。

2019年8月，举办荥阳市美丽乡村欢乐游暨王村镇首届无花果采摘节。

2019年，孤柏渡黄河塬休闲旅游区正式更名为“黄河塬休闲旅游区”，并对“黄河塬”商标进行注册。

2019年5月，黄河塬休闲旅游区正式开园。

2019年6月，举办“红心向党·红歌飞扬”爱国歌曲大家唱活动。

2019年，王村镇蝉联郑州市级文明村镇。

2019年，王村镇通过复审，蝉联“省级卫生乡镇”荣誉称号。

2020年9月，老龙窝汽车影院开业。

2020年10月，郑州市苌乃周文化传播有限公司投资开建苌家拳传习所。

2020年11月，司村被郑州市文化广电和旅游局认定为郑州市级旅游特色村。

20世纪70年代兴修水利建干渠老照片　王村镇人民政府 供图

20世纪80年代干渠清淤动员老照片　王村镇人民政府 供图

20 世纪 90 年代十星级文明农户表彰老照片　王村镇人民政府 供图

20 世纪 90 年代狮舞团进京比赛老照片　王村镇人民政府 供图

2018年荥阳市首届乡村旅游节　石保定 摄

口述史

LOCAL RECORDS OF WANGCUN

苌家拳的传承

口述：苌红军
整理：张延红

我叫苌红军，出生于 1963 年，是苌家拳第八代传承人。苌家拳创始人是苌乃周，在经历了第二代苌其渊、第三代苌廷扬、第四代苌连登、第五代苌群英、第六代我爷爷苌合掌、第七代我父亲苌山林和我作为第八代传承人的传承后，苌家拳至今已有约 300 年历史。

20 世纪 60 年代，我爷爷将保存的两大袋老拳谱交给朋友保管，由于保管不慎，拳谱被毁，爷爷为此非常痛心。到了我父亲这一代，就开始留心收集有关苌家拳的资料了。

我父亲苌山林从洛阳师范学院毕业后，一直在荥阳一带从事中小学历史教学工作，父亲在教学之余把主要精力都放在了找拳谱、抄拳谱上。当初在外面流传的拳谱有很多，父亲发现谁家有就借来抄写，晚上经常只休息两三个小时，他还把抄写的资料分类汇总，妥善保管。现如今最老的的拳谱已经被存放起来，我们看到的拳谱全都是我父亲当年抄画的。由于过度劳累，我父亲在 1991 年刚年满六十岁的时候就去世了。

苌家拳第七代传承人苌山林　王全奇 供图

我从六岁开始就和兄弟几个跟随父亲学拳，父亲不但督促我们早晚练习，还教导我们做人的道理。我还记得20世纪70年代到80年代，我们这里人人都练习苌家拳，每到傍晚，周边村庄的人们都会自发地聚集在练功房，相互切磋。1982年，我父亲在省武协的支持下开办“苌家拳辅导站”，但由于各种条件限制，辅导班开办半年就停办了。

1983年，郑州市武术协会专门成立了苌家拳研究会，我的父亲担任会长。父亲将我们苌家拳一部分拳谱献给了国家，获得了全国武术挖掘整理工作“雄狮奖”。除了捐献给国家的拳谱外，他还整理出了一整套拳谱。

作为苌家拳第八代传承人，我们兄弟几个为了传承好这项“非遗文化”，决定从娃娃抓起，最开始是利用假期开班教授苌家拳，后来获得了荥阳市和王村镇党委、政府的大力支持，现在荥阳、巩义的部分学校将苌家拳的学习列入了学习日程，荥阳市两所小学、王村七所小学都在参与保护苌家拳。2020年10月苌家拳传习所投资开建。

现在我们已经有了第九代传承人，让我们欣喜的是他们为了发扬苌家拳，再苦再累从不讲报酬，孩子们愿意学他们就尽心教。现在关心苌家拳的各界人士也越来越多，我相信苌家拳能够发扬光大。

苌家拳第八代传承人苌红军　苌红军 供图

王村镇教育事业的发展变化

口述：李金明

整理：王福旺

我叫李金明，今年63岁，1975年7月至1995年6月在房罗学校任教，1995年7月开始在王村镇教育组（后又先后改为教办、中心学校）工作，2018年1月退休。

我记得刚上班时，房罗小学是村办小学，硬件设施简陋，学校尘土飞扬，教室破旧，教学设施残缺不全，学校还时常停电。直到90年代学校的硬件才逐步改善，当时主要的资金来源来自房罗村村委。

我1995年进入教育组工作，王村教育事业开始蓬勃发展。20世纪90年代后期，在上级教体局的指导下开始对学校设点布局，2009年房罗小学撤销，与附近几所小学合并为王村镇第三小学，地址设在原王村高中。政府统一拨建了教学楼、住宿楼、餐厅、办公楼、综合楼等，配备了各种教学设施和仪器。校园内“一年四季，三季有花”，绿树掩映，花草茵茵，学校面貌发生了翻天覆地的变化。教师的办公条件也有了大变化，办公室窗明几净，新式的办公桌椅代替了过去的木桌木椅，大空调代替了小煤炉和电扇，净水机、电热壶取代了大暖瓶，手提电脑、课件取代了手写教案。

王村镇党委、政府一直关心支持教育事业的发展，2011年以来，王村镇的教育教学成绩在荥阳市乡镇排名中一直保持在前两名，2019年、2020年王村镇连续有考生被北京大学录取，在2020年荥阳市教师节表彰会上王村中心学校荣获了“教育质量奖”，这也是荥阳市唯一荣获此殊荣的乡镇单位。

跟党走，一辈子不后悔

口述：金福祺

整理：张延红

我叫金福祺，又名金德荣，1934 年生，今年 87 岁。

我出生在旧社会，记得小时候每家每户都穷得揭不开锅，周围的许多乡亲们都出外逃荒，至今还有数十名失散的村民没有再回到家乡。日本兵到咱们这个地界儿驻扎在东柏社那儿，我记得一个日本兵来村里牵牛，那时的地方军团都害怕得跑了，没人管老百姓，他牵的是俺家南边那户人家的牛，那家男人上前说了两句，那个日本兵就拔出刺刀往他身上捅了好几下，真惨哪！还有俺爹，有胃疼的毛病，但旧社会缺医少药，也没钱，最后我亲眼看着他疼死在了床上，现在想起来我还想落泪，父亲去世时才 49 岁啊！

1948 年汜水地区解放，我还是小孩子，跟着别人看热闹，见到了成队的解放军。我记得最清楚的是当时老百姓让解放军进家休息，他们不进去，老百姓就给他们拿了席子，他们就在大树下面休息，最后又把席子还给了群众。我当时想，解放军跟以前的国民党的兵真是不一样，后来才听大人说这是共产党的部队，是毛主席领导的队伍。

解放后我体会到了人民当家做主人的感觉，也上了学，后来读了西安青联会计学校，毕业时家里突遇变故，重新回到了家乡。回乡后，干了几年农活，后来到汜水公社北屯小学任教，1961 年 9 月 17 日，我响应毛主席“农村是个广阔的天地，在那里是可以大有作为”的伟大号召，带着回乡支农“光荣证”离开公社文教部回到前新庄大队上班。从 1963 年开始，我先后担任前新庄副大队长兼职团支部书记、大队长，前新庄村团支部被开封地委河南省团委命名“四好团支部”，我也被评为县劳模。现在想想那时候，每个人心里都装着一把火，都想向党组织靠拢，但入党可不是容易的，不但要在平时生产活动中拔尖，还要干出一定的成绩，党员大会上大家才会举手投你的票。我是 1968 年通过预备党员，1969 年正式成为了一名光荣的共产党员。

党的十一届三中全会召开之后，前新庄村先后兴办了荥阳离合器厂、荥阳拖配厂、荥阳服装衬布厂、荥阳天然气设备厂、荥阳先锋造纸厂、荥阳纸箱厂、荥阳水暖器材厂、荥阳第二造纸厂、荥阳乳胶厂、荥阳液压原件厂、荥阳鞍座厂、郑州乳胶厂等 10 多个村办企业。当时村里个体联合体印刷执照就有 36 个（当时被称为印刷专业村），业务涉及西藏、新疆、云南、东北等省市。村里企业办得红红火火，得到上级多次表扬和多次奖励。1984年1月18日，《河南日报》刊登了由荥阳县委政策研究室关于我村的调研材料《商品经济的发展给前新庄带来了新的生机》，我村也被荥阳县评为“文明富裕小康村”“率先致富的工业专业村”等称号，1986年郑州市豫剧团入住我村半个月拍摄了闻名全国的电影《福星照万家》。

这些年来，党给我的荣誉也很多，曾被评为“率领全村致富的带头人”“发展商品生产带头人”“农民企业家”“发展村办企业带头人”“村办企业带头人”“优秀党员”等，入选《中国优秀企业家》、当选荥阳县第九届、第十届人大代表。后来我因病离开工作岗位，党组织还一直关怀着我，2021年6月在王村镇庆祝中国共产党成立100周年大会上，我代表50年以上党龄的党员上台致辞。我说：我参与并见证了王村镇在中国共产党的领导下发生的翻天覆地的变化，我感觉光荣、知足！每一代人都有属于自己的历史担当。我对中华民族伟大复兴的中国梦满怀信心，对王村镇新征程伟大奋斗满怀信心。

参考文献

[1] 中共河南省荥阳县委组织部 . 中国共产党河南省荥阳县组织史资料 . 郑州：河南人民出版社，1992.

[2] 荥阳市志编纂委员会 . 荥阳市志 . 北京：新华出版社，1996.

[3] 贺耀臣 . 郑州体育志 . 郑州：中州古籍出版社，2001.

[4] 中原文化大典编纂委员会 . 中原文化大典 . 郑州：中州古籍出版社，2008.

[5] 荥阳市文物志编纂委员会 . 荥阳市文物志 . 郑州：中州古籍出版社，2011.

[6] 本书编纂委员会 . 荥阳市南水北调暨水库移民志 . 郑州：中州古籍出版社，2015.

[7] 郑州市地方史志办公室 . 荥阳市志 . 郑州：中州古籍出版社，2017.

[8] 郑州市地方史志办公室 . 郑州市历史地图集 . 北京：中国水利水电出版社，2019.

黄河风光之一　石保定 摄

黄河风光之二　石保定 摄

黄河风光之三　石保定 摄

黄河风光之四　石保定 摄

黄河风光之五　石保定 摄

黄河风光之六　石保定 摄

黄河风光之七　石保定 摄

编纂始末

根据中国地方志指导小组办公室《关于启动〈中国名镇志丛书〉编纂工程的通知》和《中国名镇志文化工程实施方案》部署，开发利用地方志文化资源，传承乡土历史文化，保存乡土文化记忆，充分发挥地方志“资政、教化、存史”功能，是一项意义重大的工作。

《王村镇志》编纂之始，编纂团队立足于展现王村厚重历史和文化内涵，统合古今，详今略古，对中华人民共和国成立以后，特别是中共十一届三中全会以来所发生的重要史实进行重点记述，深入挖掘王村历史文化资源、锐意进取的发展历程、改革创新的人文精神。

《王村镇志》从镇情特点出发，突出镇域特色和重要史实，在篇目设置上力图有所创新，在语言上努力追求朴实、严谨、简洁、流畅，增强可读性。

编写《王村镇志》是当代王村人民政治、文化生活中的一件大事。王村镇党委、政府高度重视编纂工作，镇党委书记任燕侠、镇长禹文强多次对镇志编写提出要求，审核提纲。镇党委副书记周国栋多次召开例会，协调各领域、各部门、各村，合力支持镇志编写工作，镇属各部门及相关单位积极提供资料。郑州市史志办领导多次现场指导编纂工作，提出了宝贵意见；原荥阳市文物中心主任陈万卿老师不辞劳苦，亲自对历史文化部分逐字修改；原荥阳市史志办主任吴边全程指导、协调编纂工作。在此，谨向为本书付出辛勤劳动的所有人士致以衷心的感谢！

因本书中所选照片及文章众多，部分作品未能在出版前及时联系到著作权人，请著作权人看到后与我们联系，我们将及时奉上稿酬。

因编者水平有限，加之时间仓促，其错误和遗漏的地方在所难免，敬请社会各界人士和专家学者批评指正。

《王村镇志》编纂委员会

2022 年 11 月